Dan J. Sanders

EMPRESAS FEITAS PARA SERVIR

SEXTANTE

Título original: *Built to Serve*

tradução: Paulo Polzonoff Jr.
preparo de originais: Sheila Til
revisão: Rodrigo Rosa e Taís Monteiro
projeto gráfico e diagramação: Ilustrarte Design e Produção Editorial
capa: Miriam Lerner
impressão e acabamento: Yangraf Gráfica e Editora Ltda.

CIP-BRASIL. CATALOGAÇÃO-NA-FONTE
SINDICATO NACIONAL DOS EDITORES DE LIVROS, RJ

S198e Sanders, Dan J.
Empresas feitas para servir / Dan J. Sanders [tradução de Paulo Polzonoff Jr.]; prefácio de Stephen R. Covey; posfácio de Ken Blanchard; Rio de Janeiro: Sextante, 2011.

Tradução de: Built to serve: how to drive the bottom line with people-first practices

ISBN 978-85-7542-651-7

1. Cultura organizacional. 2. Liderança. 3. Clientes – Contatos – Administração. 4. Administração. I. Título.

11-1560 CDD: 658.4
CDU: 005.32

Rua Voluntários da Pátria, 45 – Gr. 1.404 – Botafogo – 22270-000
Rio de Janeiro – RJ
Tel.: (21) 2538-4100 – Fax: (21) 2286-9244
E-mail: atendimento@esextante.com.br
www.sextante.com.br

LISTA DO LÍDER

- *Contenha seu ego.* Cerque-se de pessoas talentosas e ouça o que elas têm a dizer.
- *Preserve a cultura.* O líder é o principal guardião da cultura de uma empresa.
- *Seja fiel aos valores.* Não abra mão dos valores essenciais, mesmo que isso signifique fazer as coisas de uma maneira diferente da usual.
- *Solte a imaginação.* Esteja sempre pronto para servir os membros de sua equipe e eles retribuirão se empenhando no trabalho.
- *Jamais pare de falar sobre o propósito.* Certifique-se de que os membros da equipe associem suas tarefas ao propósito mais elevado da organização.
- *Aceite a responsabilidade.* É saudável que um líder delegue autoridade, mas ele nunca pode delegar responsabilidade.
- *Nenhum trabalho é irrelevante.* Os setores de uma organização são interdependentes. Todas as pessoas devem trabalhar em conjunto para realizar o potencial do grupo.
- *Não comprometa a integridade.* O que uma empresa pode oferecer de melhor é honestidade absoluta.
- *Tome decisões como se sua vida dependesse disso.* O ambiente de trabalho atual requer senso de urgência.
- *Divirta-se.* Quando os membros da equipe veem o trabalho como um sacerdócio, a produtividade cresce e os consumidores ficam mais satisfeitos.

Para Neil,

cristão, empreendedor, inventor, investidor,

engenheiro mecânico, músico, aventureiro,

filantropo, fotógrafo, piloto e veterano de guerra.

Marido, pai, avô,

sogro e amigo.

Sinto saudades.

Sumário

Prefácio

Muitas vezes, os executivos com quem me encontro elogiam meu trabalho na formação de pessoas, culturas e instituições que se pautam por princípios. Mas eles sempre dizem algo como: "Você não acha que, no final, o que realmente importa é o lucro ou o retorno do investimento?"

Quando isso acontece, primeiro reconheço que é importante uma empresa ser financeiramente saudável. Depois comento que essa saúde é em grande parte subproduto do que chamo de "matemática elevada", isto é, sucesso no mercado somado a sucesso no ambiente de trabalho (uma empresa orientada por uma cultura sustentável a longo prazo e voltada para as pessoas).

Os executivos geralmente concordam com o que digo, mas insistem na ideia de que a verdadeira finalidade do que buscamos (ou seja, sucesso no ambiente de trabalho e no mercado) tem a ver com bons resultados financeiros para os donos do empreendimento. É como se dissessem: "Sim, as pessoas são muito importantes, mas basicamente são um meio para se chegar a um fim. E o fim é o lucro." Costumo contra-argumentar dizendo: "Mas se as pessoas com quem você trabalha, incluindo os clientes, forem vistas como parceiras, o critério decisivo de avaliação não será o grau de satisfação de todos?"

Parafraseando o grande historiador Arnold Toynbee, a história das instituições, nações, sociedades e civilizações pode ser resumida em uma frase: "Nada fracassa mais do que o sucesso." Em outras palavras, você pode se sair bem diante de um desafio e, mantendo a mesma atitude, fracassar diante de outro. E é isso, essencialmente, o que está acontecendo hoje. Estamos diante de outra realidade, uma economia nova, globalizada e informatizada. O antigo modelo industrial em que as ordens e o controle eram impostos de cima para baixo, mesmo que de forma sutil, já não funciona.

Resumindo o extraordinário livro de Thomas Kuhn, *A estrutura das revoluções científicas*, ao longo da história da humanidade, toda revolução importante foi uma ruptura. Ou seja, rompeu-se com um pensamento antiquado, com um modo inadequado de realizar as coisas, com antigas habilidades e ferramentas.

É exatamente isso o que está acontecendo agora, à medida que avançamos na era da informação: uma mudança que se caracteriza pela valorização das pessoas, pelo maior poder de escolha dado a elas e pelo foco nas interações e comunidades que desejam criar. A globalização dos mercados e a tecnologia modificaram as regras do jogo, fazendo com que os indivíduos se tornassem prioridade.

O ponto forte deste livro é seu espírito. Se você estiver aberto às ideias que ele apresenta e permitir que sua lógica encantadora "o invada", ele vai despertar seu entusiasmo, conquistar e *inspirar* você. Em última análise, você perceberá que somos feitos para servir. A felicidade e a realização que dão sentido, propósito e rumo à vida são reflexos do que oferecemos ao outro. Isso significa ser útil a todas as pessoas ao nosso redor, incluindo nossos parceiros de trabalho: clientes, fornecedores, associados, proprietários, gerentes e assim por diante. A primeira vez que li este livro, fiquei fascinado pela ideia de que servir é o sentido da vida e de que uma empresa e sua cultura, animadas por essa matemática elevada, podem torná-la viável.

No livro, a palavra "cultura" é muito usada – empresas de sucesso duradouro, voltadas para as pessoas e orientadas por uma cultura. "Orientadas por uma cultura" é certamente uma expressão interessante. Mas o que ela significa?

O sociólogo Émile Durkheim disse: "Quando os costumes e as tradições bastam, as leis são desnecessárias. Quando não bastam, elas não são cumpridas." À medida que nos afastamos da era industrial – com suas organizações hierarquizadas movidas por um regime de punição e recompensa –, criamos uma cultura e uma comunidade que compartilham visões e valores que servem de diretrizes para nossas decisões e fazem com que sejamos responsáveis uns pelos outros. Isso é ser orientado por uma cultura.

Já se foi o tempo em que a responsabilidade de criar uma visão, transmitir os valores e, continuamente, "comunicar, vender, incentivar" era restrita ao alto escalão. A tendência hoje é que visão, propósito, missão e valores estejam entranhados na alma da equipe, servindo de motivação e inspiração. Todos se sentem responsáveis por esses valores, assim como pelos outros integrantes da equipe. Não é algo que seja imposto pela chefia, simplesmente faz parte da dinâmica social. As pessoas têm um mesmo conjunto de valores e trabalham focadas na visão comum e na missão de servir. Cada um trata o outro com base nos princípios e leis naturais que garantem o sucesso de um empreendimento. A liderança, então, é compartilhada e passa a fazer parte da cultura da empresa. Pessoas diferentes atendem a necessidades diferentes de formas diferentes, de acordo com seus talentos, dons e qualidades únicos.

Por fim, chega-se a um ponto em que se cria uma dinâmica social heterogênea, uma cultura formada por grupos complementares que produzem de acordo com suas qualidades e têm suas fraquezas supridas pelos pontos fortes dos outros. Assim, cada indivíduo dá sua contribuição e todos são respeitados e importantes. A liderança deixa de ser atribuição de um *cargo* e se torna uma *escolha*. Em vez da autoridade formal, figura a autoridade moral.

Em um sistema assim, quem vive das realizações do passado e já não acrescenta valor ao grupo, quem viola princípios universais e eternos (maltratando funcionários ou enganando os clientes, por exemplo) ou se aproveita do cargo e da posição hierárquica para conseguir o que deseja acaba descobrindo que não se encaixa na cultura. No fim, a pessoa geralmente se sente incomodada e sai por conta própria.

Este trabalho não é apenas uma teoria ou uma mensagem bem elaborada sobre sermos feitos para servir. É algo que vem do coração e da alma de pessoas que já puseram isso em prática. Dan Sanders compartilha muitas de suas experiências no mundo dos negócios, nos esportes e na vida, reforçando valores como amizade, presteza, integridade e excelência, todos sustentados pela humildade, que acredito ser a mãe de todas as virtudes.

Poucos entendem o conceito de cultura organizacional. Em geral as pessoas acreditam se tratar de algo gerado pela liderança por meio de comunicação eficiente, afirmações inspiradoras e visionárias. Embora isso seja importante, a alma de uma cultura se desenvolve a partir de bons exemplos e valores éticos. As pessoas acreditam neles, os respeitam e pautam neles seus atos e expectativas.

Se você é uma pessoa verdadeira e de mente aberta, vai adorar este livro. Ele é incrivelmente prático e apresenta exemplos com os quais você se identificará. Mas é o espírito desta obra que a torna tão marcante, trazendo à tona nossa verdadeira natureza e rompendo com a noção de que é melhor ser servido do que servir. Por mais que a sociedade tente nos convencer de que lucro, status, poder e prestígio são elementos que definem o sucesso, fomos feitos para servir. O espírito deste livro anima nossa consciência, desperta nossa noção mais básica sobre certo e errado e nos leva a desejar fazer a diferença, contribuir e agregar valor – em resumo, servir.

Crescemos mergulhados numa cultura do egoísmo que afoga nossa verdadeira essência. Alguém uma vez disse: "Quando o homem se depara com o espelho, começa a perder a alma." Ou seja, quem se preocupa demais com a própria imagem acaba deixando a si próprio em segundo plano.

Este livro ajuda a recuperar nossa verdadeira essência, nossa identidade. Fomos feitos para servir.

Stephen R. Covey

Prólogo

A história que você está prestes a ler reflete as experiências que tive na vida. Aqui estão as descobertas que fiz desde a infância em uma fazenda do Texas, passando pelos anos como piloto de jatos da Força Aérea dos Estados Unidos e finalmente chegando à presidência da rede de supermercados United. Minha intenção é levar a todos a valiosa lição que aprendi a respeito da liderança: o que permite que uma organização tenha sucesso duradouro são sua cultura e as pessoas – seus funcionários, clientes e parceiros –, não a cotação de suas ações e os investidores.

Os exemplos apresentados aqui nos lembram que a busca por um objetivo maior acaba por nos guiar ao crescimento pessoal, à realização profissional e ao sucesso na vida. Muitos nomes citados ao longo do livro são bastante conhecidos, como Southwest Airlines e NASA. Outros provavelmente serão novidade para você. Mas todas as histórias vão chamar sua atenção e despertar seu desejo de aprender mais sobre as culturas que fizeram com que essas organizações se destacassem.

A United Supermarkets, por exemplo, não é muito conhecida, mas sua história é a essência de *Empresas feitas para servir*. Fundada em 1916 por H. D. Snell, filho de um fazendeiro de algodão de Oklahoma, a United aos poucos se tornou uma das mais sólidas empresas familiares dos Estados Unidos. Snell não tinha diploma de uma universidade de prestígio. Na verdade, nunca chegou a frequentar um curso superior. Ainda assim, graças ao trabalho duro e à extraordinária perseverança, deixou um legado esplêndido, construído com a colaboração de pessoas simples. Hoje, aproximadamente 75 supermercados em Oklahoma e no Texas devem seu sucesso a Snell e seus descendentes.

No ramo de supermercados, em que o tamanho da empresa faz parte de seu planejamento estratégico, a United conseguiu não só sobreviver como se desenvolver. Um dos motivos de seu sucesso é que os funcionários são considerados parte de uma família e possuem o ritmo e a criatividade que só as equipes experientes têm.

A visão familiar é mais do que adequada ao que a empresa prega: servir as pessoas e melhorar a vida dos outros. Nossa missão é definida em poucas palavras: atendimento insuperável, desempenho superior e impacto positivo.

A United é conhecida e respeitada nas comunidades em que se instala e recebe mais de um milhão de clientes por semana. Para alguns deles, ir à loja mais próxima é quase uma tradição, algo que os pais, avós e bisavós já faziam. Para outros, é um jeito novo e agradável de fazer compras. Seja como for, o resultado é o mesmo: fãs ardorosos e consumidores leais.

O que faz dessa experiência algo tão marcante? Enquanto a maioria das empresas atuais baseia sua sobrevivência na redução de custos, nós mantemos uma visão empresarial voltada para as pessoas e orientada pela cultura que criamos. Do recém-contratado ao mais antigo na casa, todos em nossa equipe associam o trabalho a quem são, de um modo que lhes rendeu reconhecimento em todo o país. Nossos funcionários entendem que trabalham com relações pessoais – vender bananas, arroz ou leite é secundário.

Tenho o privilégio de fazer parte dessa incrível jornada. Acredito que você achará tão recompensador ler a respeito dela quanto eu tenho achado vivê-la.

Introdução

O 737 da Southwest Airlines em que voávamos para a Califórnia tinha acabado de alcançar 10 mil metros de altitude quando notei que havia algo errado. De início, tentei fingir que nada estava acontecendo e me concentrar em outras coisas – a partida de golfe que jogaria com meu filho, as compras que faríamos e o quarto de hotel com vista para o mar em que logo estaríamos hospedados. Mas de repente perdi o controle e me dei conta de que estava molhado de suor.

Primeiro veio a náusea. Depois minha visão ficou turva. Uma comissária de bordo viu o que estava acontecendo e veio ajudar. Quando chegou ao meu assento, eu já estava inconsciente. Um paramédico que viajava em lua de mel se apressou em me socorrer e logo outro passageiro, um médico texano, se juntou a ele. Os dois realizaram os procedimentos de reanimação e me estabilizaram. Minutos depois, o avião fazia um pouso de emergência em El Paso, onde fui levado de ambulância para o hospital e fiquei internado por uma semana.

Nas semanas seguintes, todos os comissários daquele voo telefonaram para saber como eu estava. Muitos deles chegaram a me enviar bilhetes. A equipe de gerenciamento da empresa manteve contato com minha família durante meses e deu passagens aéreas de presente para o paramédico e o médico que me socorreram.

Hoje conto minha história a quem quer que queira ouvi-la e sou um defensor da Southwest Airlines. É uma empresa que sabe o que a maioria esquece ou nem sequer chega a perceber: há algo de especial em servir o próximo.

A cultura empresarial dos dias de hoje é um modelo falido. Precisamos de uma transformação radical – redefinir o verdadeiro propósito do trabalho. Uma mudança desse tipo requer muita coragem e senso de urgência. Felizmente, já existe uma fórmula testada e aprovada para isso. Ela começa com a aceitação da ideia de que a cultura de uma empresa é a fonte de seu sucesso duradouro. Esse modelo de negócios coloca as pessoas acima dos lucros e o serviço em primeiro lugar.

A partir do momento em que a cultura de uma organização permite essa vitalidade, o crescimento, o lucro e a responsabilidade social se tornam reflexos naturais de suas operações. Quando isso acontece, as pessoas se sentem realizadas profissional e pessoalmente e as companhias ganham uma razão de existir mais profunda. O resultado é um impacto positivo na comunidade.

Toda empresa precisa de competência técnica, mas isso, por si só, não lhe permite realizar completamente seu potencial. Na verdade, os negócios que conseguem ser bem-sucedidos por muito tempo têm líderes que são exemplos de uma cultura em que se busca servir, priorizar o ser humano e criar oportunidades de causar impacto positivo.

Manter o sucesso, em vez de apenas *ter* sucesso, é uma ideia fundamental aqui, porque estabelece o contexto para a tomada de decisões. Pense nisso a partir de uma perspectiva pessoal. Quando você escolhe o que fazer ou o que comer, pensa nos efeitos que sua escolha terá a longo prazo? Deveria. Toda decisão influencia o tempo de sobrevivência que ainda teremos neste planeta. Nossas escolhas deveriam ser feitas com base no desejo de termos vidas mais longas e ativas.

Do mesmo modo, as organizações que têm um modelo de sucesso sustentável são as que miram um horizonte distante. Elas fazem opções saudáveis, visando maximizar sua permanência no mundo e ter uma existência longa e ativa. Infelizmente, a maior parte das empresas atuais é criada não para servir, e sim para vender. Suas metas são de curto prazo e resultam em decisões mal pensadas, que exploram e destroem, em vez de proteger e incentivar. Em geral, negócios assim dão pouca atenção às pessoas e tendem a satisfazer apenas os desejos de um grupo restrito.

A capacidade de manter o sucesso, portanto, depende do equilíbrio entre suprir as necessidades imediatas das pessoas de uma empresa e viabilizar o objetivo da empresa a longo prazo. Esse processo requer um grande empenho do líder, mas, uma vez que ele aceite o desafio, certamente alcançará a vantagem competitiva que assegurará sucesso duradouro a seu empreendimento.

É o caso da Southwest Airlines. Num setor marcado pela instabilidade econômica, nenhuma outra companhia foi capaz de manter um patamar de bons resultados como o dela. É uma organização em que há um compromisso verdadeiro com a excelência, assim como uma grande habilidade em desafiar a filosofia tradicional da indústria.

Mas o que faz com que ela se destaque? As pessoas e a cultura, nesta ordem. A Southwest Airlines sabe que as outras empresas tentam copiar tudo o que ela faz, mas também sabe que cultura não é algo que se possa construir de fora para dentro.

Uma cultura sustentável a longo prazo se faz de dentro para fora. Tudo começa com uma liderança que prioriza os seres humanos e, consequentemente, dá atenção ao recrutamento, à contratação e ao treinamento teórico e prático, preparando os funcionários para lhes delegar poder.

As pessoas são consideradas o bem mais valioso da companhia, não parte de sua despesa. Quando me tornei piloto militar, uma das primeiras coisas que aprendi foi que não levava a bordo "passageiros", mas "almas". Embora isso possa parecer mera questão de escolha de palavras, expressa o valor de cada pessoa e a importância de se garantir um voo seguro. O mesmo vale para empresas.

Quando uma empresa consegue formar uma cultura realmente boa, seus valores transcendem o mundo dos negócios e criam verdades universais. Meu amigo e mentor, Dr. Stephen Covey, passou boa parte da vida ensinando a líderes e equipes que os valores essenciais são eternos. Seus anos de pesquisa dão suporte à ideia de que a cultura não é apenas importante para uma empresa – ela é *tudo*. O Dr. Covey vai além, associando o papel da fé pessoal aos princípios corporativos.

No outono de 2006, me sentei ao lado dele em um seminário sobre liderança ética. Conversávamos sobre a cultura de uma empresa e sua importância no ambiente de trabalho. Então perguntei o que ele achava de orar antes das reuniões ou decisões importantes, hábito que mantemos em nossa companhia. Sei que isso não é ilegal, mas já fui advertido algumas vezes de que expressar sua religião no ambiente de trabalho pode ser problemático.

A resposta do Dr. Covey foi simples e direta: "A próxima vez que alguém o alertar sobre o que pode acontecer se continuar rezando antes das reuniões e antes de tomar decisões importantes, diga que está mais preocupado com o que pode acontecer se não rezar."

Foi uma ótima resposta. Queria que eu mesmo tivesse pensado nela. *Uma cultura voltada para as pessoas não abre mão de seus valores; ao contrário, ela busca manter a fé neles, mesmo que isso signifique fazer as coisas de forma diferente de todo mundo.* Lembre que uma cultura que marca e se destaca é criada na mente e no coração de um líder e transmitida de um membro da equipe a outro.

Esse certamente é o caso da United Supermarkets, uma rede regional de supermercados. É a cultura dessa empresa familiar, fundada em 1916, que lhe permite manter a competitividade em um mercado confuso em que as margens de lucro são mínimas. Seu principal concorrente, o Walmart, tem uma rede 300 vezes maior. Mesmo assim, década após década, a United Supermarkets registra aumentos nas vendas e no número de clientes. Por que isso acontece?

Porque a cultura da United cria um espírito de cooperação entre seus milhares de funcionários, fazendo com que ela se destaque entre os concorrentes, grandes ou pequenos. E isso não acontece criando-se manuais e diretrizes para a conduta da equipe. Ao contrário, a empresa sempre contou com seus líderes e novos contratados para serem embaixadores de sua cultura, o que vem mantendo sua história de sucesso. São as ações do líder, não suas palavras, que permitem que a cultura da empresa seja assimilada e, depois, transmitida.

A United também acredita na importância dos programas de valorização. Quando um líder não está diretamente envolvido em uma atividade importante, espera-se que ele reconheça a colaboração do membro da equipe que está cuidando dela, seja lhe escrevendo um bilhete, mandando um cartão eletrônico ou conversando com ele.

Tive a sorte de viver e trabalhar dentro de organizações

guiadas por uma cultura. Muito antes de meu primeiro emprego, minha grande bênção foi a cultura de amor e incentivo que recebi em casa. Uma das bênçãos pelas quais mais sou grato foi ter conhecido meus avós maternos, que moravam em Plains, no Texas. Meu avô era um autêntico caubói – um fazendeiro bem-sucedido, forte e grandalhão que enrolava os próprios cigarros, usava chapéu e passava a maior parte do tempo em cima de um cavalo – e um homem muito sábio. Entre as lições que ele me deu, uma sobre o modo como encaramos o trabalho me marcou muito.

Uma vez, no verão, ele me levou até o jardim nos fundos da casa. Na fazenda dele, como em qualquer outra, havia sempre muita coisa a fazer. Passar as férias lá era sinônimo de trabalho. Naquele dia, ele me disse:

– Preciso que você recolha todas essas pedrinhas.

Estava quente e ventava muito. Havia milhares de outras coisas que eu preferiria fazer. Mesmo assim, peguei um balde e comecei a recolher as pedras. Depois do que me pareceu muito tempo, fiquei entediado e cansado e me sentei em cima do balde. Foi quando meu avô me viu de longe e se aproximou do portão do jardim.

– Você não está fazendo muito progresso, rapaz.

Eu me levantei e caminhei na direção dele. Ele estava certo. Eu só havia recolhido umas poucas pedras. Respondi com sinceridade:

– Isso é muito chato. Não gosto de recolher pedras.

Foi quando algo especial aconteceu.

– E do que você gosta? – quis saber meu avô.

– De esportes – respondi.

– Você gosta de basquete?

Eu me alegrei.

– Adoro!

– Aquele balde é quase do mesmo tamanho de uma cesta de basquete, certo?

– É, sim – respondi.

– E se o balde fosse a cesta e as pedras fossem bolas? Quantos pontos você acha que seria capaz de marcar em meia hora?

Peguei uma pedrinha e arremessei. Acertei em cheio.

– Cesta! – gritei.

– Você consegue fazer uma de gancho? – perguntou meu avô.

Peguei outra pedra e fiz o arremesso de gancho. Acertei de novo.

– Quantas cestas seguidas você consegue fazer assim? – desafiou ele.

Enquanto minha partida de basquete imaginária me mantinha entretido, o dia virou noite e as pedras desapareceram, uma a uma.

Foi uma lição digna de um ph.D. – uma reflexão sobre como motivar as pessoas. Sempre uso essa história para explicar a diferença entre propaganda e marketing. Quando meu avô disse que precisava que as pedras fossem recolhidas do jardim, ele estava apenas fazendo a propaganda, *anunciando* o fato de que havia pedras lá.

Mas quando me convenceu de que o balde era uma cesta de basquete e as pedras eram bolas, usou uma estratégia de marketing eficaz e *vendeu* uma ideia totalmente diferente. Assim que assimilei o modo como meu avô via o trabalho, passei a gostar de fazê-lo, porque o jardim se transformou em quadra de basquete e eu, no cestinha do jogo. O que de início pareceu uma tortura se transformou numa das melhores lembranças daquelas férias. Nas culturas voltadas para as pessoas, procura-

-se sempre *vender* o trabalho, em vez de *anunciar* que ele precisa ser feito.

Todos nós sabemos que existem tarefas inglórias em qualquer profissão. Adotar uma abordagem estimulante é um grande passo para se obter sucesso nelas. *Culturas voltadas para as pessoas estimulam a imaginação e alçam o desempenho a novos patamares, a um objetivo mais elevado.* Como afirmou Max De Pree, o talentoso presidente emérito da Herman Miller, fabricante mundial de móveis para escritório: "Não precisamos apenas viver ou tolerar o futuro. Podemos criá-lo." Basta criarmos a cultura certa.

Este é um livro sobre mudar o futuro de corporações e das pessoas às quais elas servem. Acredito que todo ser humano foi criado para servir e, já que as empresas são feitas de pessoas, esse também deveria ser o objetivo delas. Quando se cria uma organização pensando primeiramente em atender às necessidades do outro, ou seja, quando o compromisso é com um ideal mais elevado, coisas boas acontecem a todos.

Ao contrário do que possa parecer inicialmente, uma empresa pode se preocupar com as pessoas, ser orientada por uma cultura e, ainda assim, ter bons resultados financeiros. O retorno é sempre grande quando se investe na criação de uma cultura ética.

Um estudo feito pela Deloitte Consulting demonstrou que as ações de 56 companhias de capital aberto listadas pela *Fortune* entre as 100 melhores empresas para se trabalhar tiveram um desempenho superior ao do S&P 500, índice composto pelas 500 ações mais importantes do mercado americano. A Genentech, uma das empresas de biotecnologia mais conhecidas dos Estados Unidos e a primeira nessa lista da *Fortune*, entende bem a importância de focar sua energia nos funcionários e clientes sem deixar de oferecer um retorno financeiro excepcional para os acionistas.

Muitas corporações se preocupam demais com o desempenho financeiro e deixam de lado a valorização dos funcionários e o cuidado com o tratamento que se dá a eles. Estudamos balanços e ficamos obcecados por relatórios trimestrais, baseando nossas preocupações em um sistema criado para satisfazer o modelo econômico do século XIX – nele, por exemplo, eu sou uma despesa e o computador que uso é um bem da companhia. É hora de mudar isso.

Os aspectos mais relevantes a se levar em conta deveriam ser os que determinam o potencial da empresa e avaliam a melhor forma de estimular a força de trabalho. É mais fácil ver onde estávamos do que prever com exatidão para onde estamos indo, por isso nos prendemos a relatórios que só demonstram o passado. *Para prever o futuro, você precisa entender o potencial da empresa, o que requer que saiba maximizar os talentos das pessoas que você emprega. É nesse ponto que a cultura faz a maior diferença.* Uma empresa jamais atingirá todo o seu potencial se não conseguir fazer com que seus funcionários se comprometam com um propósito mais elevado.

Ainda há muitos líderes que sustentam a visão de que o propósito da empresa é o lucro e de que poder, status e dinheiro são o que importa. Para uma organização que busca o sucesso duradouro e sustentável, nada poderia ser mais inadequado. Valorizar as pessoas é sempre a melhor opção.

Com um mercado de trabalho globalizado, quando se fracassa em valorizar as pessoas, o resultado pode ser uma preocupante fuga de mão de obra. Além disso, é preciso levar em conta que os produtos e serviços que não apresentam um diferencial acabam tendo seu valor regulado pelo mercado. A capacidade que uma empresa tem de servir será seu trunfo final para gerar vantagem competitiva. Se uma organização pretende ter sucesso de longo prazo, criar uma cultura ética que a oriente e adotar uma filosofia que priorize as pessoas são ações imprescindíveis.

Em praticamente qualquer supermercado dos Estados Unidos hoje é possível comprar bananas que foram produzidas a milhares de quilômetros e transportadas para centros de distribuição regionais poucos dias depois de colhidas. Elas amadureceram em câmaras climáticas caríssimas, foram levadas para as lojas, postas em exposição e, no final, vendidas por centavos. Os supermercados precisaram aprender a sobreviver com menos de 1% de lucro.

Se uma empresa hoje conta com que no futuro terá um grande aumento nas margens de lucro, está fadada ao fracasso. A busca pela diminuição de preços acelerou a globalização do trabalho, obrigou companhias a terceirizar a mão de obra e destruiu culturas corporativas antes saudáveis. As organizações sem um diferencial se tornaram vulneráveis a qualquer concorrente que ofereça um preço mais baixo. Não existe lealdade quando a relação entre consumidor e vendedor se baseia somente no preço.

Assim, o que você pode fazer para garantir que sua empresa se volte para a cultura e as pessoas? Como a criação de um ambiente em que as atitudes sejam orientadas por uma cultura e as pessoas sejam a preocupação central pode satisfazer a todos os envolvidos? Quais os benefícios de se buscar um propósito mais elevado? Este livro responderá a essas perguntas.

PARTE I

Criando uma cultura voltada para as pessoas em um mundo dominado pelos números

CAPÍTULO 1

Entendendo matemática elevada

A Medtronic é uma empresa líder em tecnologia médica. Mas também é muito mais do que isso. Ela desenvolve tratamentos para pacientes que sofrem de dor crônica e fabrica válvulas cardíacas artificiais. Todos os dias, os funcionários da Medtronic assumem seus postos numa sofisticada linha de produção e fabricam componentes de alta tecnologia de acordo com especificações precisas.

Os turnos são longos. O trabalho, cansativo. Não se pode errar. Ainda assim, a empresa consegue um alto nível de retenção de funcionários e, ao mesmo tempo, os mantém motivados.

O Dr. Scott Cawood, que passou vários anos analisando organizações voltadas para as pessoas, realizou uma pesquisa com os funcionários de todos os escalões da Medtronic. Ao entrevistá-los, percebeu que eles têm uma visão bastante particular da contribuição que dão à empresa: não se veem como fabricantes de válvulas cardíacas; acreditam que seu papel é salvar vidas.

Com extrema perspicácia, a Medtronic partiu dessa visão para criar um evento anual no qual sua equipe se encontra com pessoas que estão vivas graças à tecnologia da empresa. Isso materializou um propósito mais elevado para os funcionários, tornando-os mais atentos e satisfeitos.

A Medtronic pertence a uma minoria comprometida com uma cultura voltada para as pessoas. A maior parte das empresas continua a considerar dinheiro e poder a única medida do sucesso, apesar de a história continuamente nos ensinar o contrário. Não são poucos os casos de pessoas que têm tudo e, ainda assim, continuam infelizes e insatisfeitas.

Patrick Morley, autor de *Desafios da vida de um homem*, sugere que talvez os pobres sejam mais felizes porque ao menos têm a esperança de que, se tiverem dinheiro, encontrarão a felicidade. Dinheiro e poder sozinhos, entretanto, jamais satisfazem a alma.

São as organizações preocupadas em servir e satisfazer as necessidades das pessoas que alcançam um sucesso duradouro. A visão distorcida que valoriza dinheiro e poder não tem futuro no mercado atual.

As histórias de egoísmo e ambição que levaram titãs da indústria a fracassos colossais não são novidades. Arthur Andersen, Enron, L&H, Tyco e WorldCom são apenas alguns exemplos mais recentes. Quando as empresas acabam dominadas pelos números, à custa das pessoas, põem de lado seu verdadeiro propósito e se preocupam mais em divulgar balanços do que em melhorar vidas.

Infelizmente, vivi isso na pele em 2002. Eu era executivo de uma empresa quando seu controle majoritário foi vendido a um grupo de investidores. De início, a transação pareceu uma boa estratégia, mas logo percebemos que haveria uma mudança significativa no modo como se esperava que os negócios fossem conduzidos.

Concluímos a transação em Nova York numa sexta-feira e tivemos um fim de semana para comemorar. Às sete da manhã de segunda, cheguei ao escritório em Houston e meu telefone já estava tocando.

Era um analista financeiro contratado pelo grupo que havia comprado nossa empresa.

– Oi, Dan, como vai? – disse ele.

Respondi que tinha acabado de chegar ao escritório e ainda nem havia ligado o computador. Ele me disse que precisava de algumas informações para uma apresentação que faria ao meio-dia.

– Estou montando uma planilha e preciso da estimativa de vendas por cliente e produto para os anos de 2003 a 2007 – disse ele.

Eu ouvi o pedido, mas achei que fosse brincadeira. Então disse ao rapaz que não havia nenhuma possibilidade de saber quais produtos seriam vendidos dali a três anos, muito menos que cliente os compraria. Expliquei que aqueles dados não teriam nenhum sentido.

– Olha, eu preciso dos números para a minha planilha. – Foi a resposta dele.

Insisti que aquilo não ofereceria mais do que uma estimativa aproximada. Ele disse que não se importava. Precisava dos números.

Naquele instante, entendi tudo: não eram nem oito da manhã e o que começara como um bom negócio três dias antes já havia se transformado em catástrofe – a empresa não era mais controlada por pessoas movidas pelo desejo de ajudar a equipe e os clientes a realizarem seu potencial. Num estalar de dedos, o tema das conversas havia passado de relacionamentos importantes a números insignificantes.

São filosofias assim que causam o fracasso de tantas empresas – é impressionante o número das que nem sequer chegam a sobreviver por 10 anos. Mas há mudanças positivas começando a despontar e organizações adotando novas ideias e verdades universais eternas.

Mesmo assim, a cultura empresarial está numa encruzilhada. Mudanças implicam escolhas e exigem que as empresas tenham coragem de tomar uma atitude para reverter a situação atual.

Muitas companhias estão hoje presas em uma rede de "adultério financeiro". Por um lado, estão tendo um caso de amor com planilhas, números e a busca por riqueza; por outro, são responsáveis pelo bem-estar das pessoas cujo trabalho produz tais números.

O triste é que, nesse popular modelo de negócios, espera-se que a mão de obra gere lucros de uma maneira bem parecida com a das máquinas que alimentaram a Revolução Industrial.

Se você é um defensor ferrenho da ideia de que o mais importante é o retorno imediato do investimento, jamais compreenderá totalmente a matemática elevada. Ela requer um compromisso igual com itens como segurança, treinamento, bem-estar e benefícios, questões essenciais para que se mantenha um patamar de sucesso, mas que raramente proporcionam um retorno de investimento de curto prazo.

Isso me faz lembrar uma história que ouvi na infância:

Era uma vez um casal que tinha uma galinha que botava ovos de ouro todos os dias. Apesar de o destino lhes ter sorrido, não demorou muito para que a ambição os dominasse. Imaginando que as entranhas da galinha eram feitas de ouro, eles decidiram matá-la e assim enriquecer de uma vez. Ao abrir a ave, porém, descobriram que ela era igual a todas as outras. E foi assim que, além de não terem ficado ricos, perderam o ganho diário que tinham.

Assim como nessa história, a matemática elevada implica uma escolha consciente: ou você presta atenção às pessoas que geram os resultados ou jamais conseguirá que elas deem o máximo de seu potencial. O que garante o sucesso duradouro das empresas orientadas por uma cultura e focadas no bem-estar das pessoas é o fator humano. Líderes inteligentes sabem disso.

A matemática elevada requer envolvimento emocional do líder com todos os setores de sua equipe. Trata-se de conquistar a confiança das pessoas e ter um impacto positivo em suas vidas.

Os balanços financeiros são apenas uma pequena parte da rotina de uma organização. Nenhuma planilha conseguirá expressar o estado emocional dos funcionários de uma empresa. Planilhas não passam de ferramentas – úteis quanto a números, mas ineficazes quando se trata do fator humano.

Na United, os membros da equipe são constantemente lembrados da diferença entre o lojista e o comerciante. Lojistas acordam todas as manhãs, abrem a loja, acendem as luzes e se asseguram de que os funcionários estejam em seus lugares e os produtos, nas prateleiras. Então esperam que os clientes apareçam e comprem. No fim do dia, contabilizam as vendas e repassam os números à sede da empresa, onde outra equipe prepara os relatórios financeiros que irão para os executivos. Esse é o modelo usado por muitas companhias hoje em dia – e, dentro dos limites da matemática básica, funciona.

Já os comerciantes são empreendedores. Além de, como os lojistas, prepararem a loja para suas atividades, eles reservam tempo para motivar pessoalmente cada funcionário e agradecer por sua contribuição. Financeiramente, os comerciantes veem como meta diária encher as caixas registradoras. Mas pensam no dinheiro como se fosse deles e estão sempre dispostos a fazer um pouco mais. Além disso, acreditam que o mais importante para a empresa são as pessoas, não apenas os lucros.

Assim como o lojista, no fim do dia o comerciante contabiliza as vendas e repassa os dados à sede, mas, diferentemente dele, os dados que o comerciante envia expressam um alto nível de comprometimento. O lojista quer manter o status quo, enquanto o comerciante jamais se contenta com o desempenho do dia, porque o amanhã representa uma oportunidade para melhorar. Os números de ambos se encaixam perfeitamente na mesma planilha, mas contam histórias significativamente distintas.

No centro dessa comparação está a crença de que o potencial de uma empresa é importante. *Empresas voltadas para as pessoas falam a língua do potencial, não só no que diz respeito às vendas, por mais importante que isso seja, mas também no que se refere à própria força de trabalho.* Ou seja, motivar as pessoas de modo a que elas queiram dar o melhor de si faz diferença tanto para os negócios como para elas.

É estranho que algumas pessoas ainda relutem quanto a se dar atenção à singularidade de cada funcionário, principalmente nos dias de hoje, em que estabelecer uma ligação com o cliente é essencial. Ignorar os sentimentos da equipe significa criar um vácuo emocional nos esforços empregados para satisfazer as necessidades do consumidor.

É consenso que as melhores marcas estabelecem uma ligação emocional com os consumidores, mas isso não acontece sem uma equipe motivada e entusiasmada. Por exemplo, hoje é comum que os supermercados substituam alguns produtos à venda por itens de suas próprias linhas. Mas o simples fato de haver uma marca nova na prateleira não faz com que o consumidor a escolha. Para que ela atinja todo o seu potencial, é preciso haver uma equipe motivada que a promova.

A Harley-Davidson conseguiu estabelecer uma forte ligação emocional com seus consumidores. Que outra empresa tem clientes que tatuam sua logomarca no próprio corpo? Isso acontece porque a Harley-Davidson vende mais do que motos. Ela vende aventura e emoção – um apelo que seduz os mais variados grupos, de motoqueiros durões a advogados que passam o dia de terno e gravata.

Do mesmo modo, a Starbucks oferece muito mais do que café. O sucesso da empresa se baseia no fato de ela servir de refúgio para seus consumidores, proporcionando a eles um ambiente familiar e confortável.

Há empresas que gastam milhões para criar uma ligação com o consumidor, mas se esquecem de que também é preciso dar atenção à própria equipe. A verdade é que, quando não há um comprometimento dos funcionários, o consumidor acaba percebendo – e não há campanha publicitária capaz de suprir essa falha.

Quando uma empresa é centrada em uma cultura, ela faz mais do que liderar com valores morais: busca trazer esses princípios à tona para sua equipe e seus parceiros. *Um dos conceitos básicos da matemática elevada é que, por melhor que seja a campanha publicitária, ela nunca tratá bons resultados se a experiência do consumidor não estiver à altura da expectativa criada pelo anúncio.*

É prática comum da United enviar membros da equipe a lojas da concorrência para avaliar o que ela está oferecendo aos clientes. Em uma dessas visitas, um funcionário encontrou um produto que a United não oferecia, então o pegou e se dirigiu à caixa. Enquanto esperava na fila atrás de sete pessoas, viu um cartaz que pendia do teto: "Sempre que houver três ou mais pessoas na fila, abriremos outra caixa."

Como a fila continuava a crescer, os consumidores chamaram o gerente e mostraram o anúncio, acreditando que a promessa seria cumprida. "Ah, sim, peço desculpas. Vou cuidar disso agora mesmo", disse o gerente. Cinco minutos depois, ele apareceu com uma escada e – acredite – retirou o cartaz.

Não era essa a atitude que os consumidores esperavam. Mas quem pode culpar o gerente? Ele sabia que não tinha funcionários suficientes para cumprir a promessa do anúncio, por isso fez o que estava a seu alcance: se livrou do cartaz. Pelo menos assim restabeleceu a verdade: ninguém abriria mais caixas.

Empresas voltadas para as pessoas agem de acordo com sua missão o tempo todo. A ideia principal aqui é simples: fazer a coisa certa. E isso só reafirma a regra de ouro: trate os outros como gostaria de ser tratado. A United tem sua própria versão da regra de ouro: "Trate os outros como gostaria que tratassem seus filhos." Isso satisfaz o espírito humano e permite que nos conectemos às pessoas num nível mais profundo.

Além do mais, quando as pessoas estão ligadas emocionalmente, chega-se a um nível mais alto de confiança. É responsabilidade do líder estabelecer o rumo dos relacionamentos. Esse é um raciocínio muitas vezes desprezado, considerado idealista ou sentimental demais, mas é bastante simples.

Especialista em atendimento ao consumidor, o Dr. Leonard Berry, autor de *Descobrindo a essência do serviço*, revela que grandes empresas voltadas para as pessoas têm algo em comum: elas entenderam que a criação de um ambiente em que a prioridade é servir não resulta de uma estratégia de negócios perspicaz, mas do compromisso contínuo com os valores humanos.

Mas qual é, exatamente, o ganho que se obtém ao investir em valores humanos? Onde eles entram no balanço de lucros e prejuízos? Na verdade, isso não é algo que possa ser quantificado em relatórios financeiros, porque está nas pessoas que você emprega e nos clientes que atende. *Se Walt Disney fosse vivo, talvez se referisse a isso como "pó de pirlimpimpim" do mundo corporativo – aquele instante mágico em que você percebe que criou uma cultura duradoura, baseada em valores humanos, volta-*

da para servir os outros e marcada pela confiança. E é então – e só então – que o espírito humano se liberta e a empresa consegue alcançar patamares mais altos.

Quando isso acontece, criatividade e inspiração passam a trabalhar juntas, gerando uma energia que se renova constantemente, mantendo-nos engajados e fazendo com que a empresa perdure. O trabalho fica associado à missão com que a companhia se comprometeu, os funcionários se identificam com esse propósito elevado e encontram satisfação no trabalho.

Uma empresa consegue ser voltada para as pessoas, orientada pela cultura e ter sucesso duradouro quando os membros de sua equipe internalizam o trabalho como algo importante e essencial para a realização de um propósito mais elevado.

CAIXA PREFERENCIAL

- Colocar a matemática elevada em uso significa prestar atenção às pessoas com o mesmo fervor com que você presta atenção aos lucros.
- O modelo empresarial voltado apenas para o lucro está ultrapassado.
- É importante que os líderes mantenham uma ligação emocional com as pessoas de sua empresa.
- Comerciantes se destacam diante de um desafio; lojistas se afogam na inércia.
- No mundo dos negócios, fidelidade significa uma equipe engajada que cumpre suas promessas e satisfaz o cliente.
- Conquistar a confiança de sua equipe é o que permite conquistar clientes.

CAPÍTULO 2

O novo plano de carreira

A melhor parte de meu dia como presidente da United Supermarkets é entrar nas lojas e interagir com os membros da equipe e os consumidores. Esses encontros sempre se revelam uma oportunidade para aprender, além de servirem para me lembrar de quanto eu ainda tenho a descobrir a respeito das operações diárias de uma loja. É comum os executivos de uma empresa receberem informações filtradas e aos poucos. Por experiência própria, sei que aumento as chances de conseguir opiniões francas quando vou pessoalmente às lojas.

Em uma dessas visitas, eu caminhava pelo mercado conversando com clientes e agradecendo aos membros da equipe, observando o que estava dando certo e o que não estava. De repente um jovem usando um uniforme da United Supermarkets muitíssimo bem passado se aproximou.

– Sr. Sanders, é meu primeiro dia de trabalho e gostaria de me apresentar – disse.

Havíamos trocado apenas algumas palavras quando ele perguntou:

– Quanto tempo o senhor acha que levará para que eu seja promovido a gerente da loja?

A pergunta me pegou desprevenido, principalmente porque ele fazia parte da nossa equipe havia somente quatro horas.

– É uma pergunta interessante – respondi. – Por que você quer saber?

– Quero ser o responsável para que eu possa fazer a diferença – disse.

Naquele momento me perguntei o que teríamos feito de errado em nossa cultura para que um jovem pensasse que teria de chegar ao topo antes de começar a fazer a diferença. Então peguei um papel e desenhei duas figuras, uma representando o velho modelo de plano de carreira e a outra, o novo.

Ao fim de nossa conversa, o rapaz tinha entendido o que penso a respeito do progresso na carreira e de fazer a diferença. Desde que compreenda a visão e a missão da empresa, qualquer funcionário pode fazer a diferença.

Uma cultura em que as pessoas sejam prioridade só é possível quando os líderes têm uma ligação verdadeira com os membros da equipe. Quando uma empresa estabelece uma cultura ética, consegue ir além dos números e chegar ao coração das pessoas.

Uma equipe unida entende a visão e a missão da empresa. Assim, cada pessoa reconhece a importância de seu papel. Trabalhando em supermercados, temos milhares de oportunidades diárias de fazer a diferença para os clientes. Quando nossos confeiteiros fazem um bolo de aniversário, por exemplo, compreendem que se trata de muito mais que um bolo – é uma oportunidade de levar alegria a alguém em um momento especial. Quase toda padaria pode fazer um bolo, mas gosto de pensar que nenhuma o faria com a mesma dedicação. Nossos confeiteiros sabem que seu trabalho ficará para sempre no álbum de fotografias de uma família.

Do mesmo modo, nossos floristas entendem que todos os arranjos são especiais, seja para comemorar um aniversário de casamento, desejar boa sorte a um empreendimento, estimar as melhoras de uma pessoa querida ou homenagear um amigo que se foi. Se estivermos ligados às emoções que cada pedido desperta, nenhum deles jamais será rotineiro.

É servindo os outros, não correndo atrás de uma promoção, que as pessoas se realizam profissionalmente. Quando a cultura de uma empresa retrata um ideal realmente importante, os funcionários entendem seu significado mais profundo e se sentem satisfeitos no trabalho.

O velho modelo de plano de carreira é uma tradução mal interpretada do "sonho americano", mas acabou sendo adotado mundo afora. De acordo com ele, uma pessoa deve começar sua carreira na base e galgar degraus lentamente até conseguir chegar ao topo e fazer a diferença. Essa visão leva a uma equipe desunida e a uma alta e dispendiosa taxa de rotatividade de funcionários.

Todo líder que se preocupa com as pessoas entende a importância do talento e o peso que ele tem na obtenção de resultados. Assim, solucionar problemas de rotatividade de funcionários se torna prioridade para ele. No setor de supermercados, essa é uma batalha constante.

Mais de uma década atrás, quando eu trabalhava no departamento de recursos humanos da United, percebi que, quando conversávamos com as pessoas que estavam saindo da empresa, elas sempre falavam dos benefícios intangíveis que oferecíamos. Era raro que mencionassem os salários ou as bonificações em dinheiro que recebiam – apesar da importância disso tudo.

Em vez disso, quando um funcionário saía em busca de outros desafios, como uma nova carreira depois de ter concluído a faculdade, os assuntos que ele comentava diziam respeito à nossa cultura voltada para a família, às amizades feitas no trabalho e à satisfação que tinham ao cuidar dos clientes nas lojas. Quando o motivo era outro, como algum conflito no trabalho ou a decepção com o chefe, frequentemente o tópico da conversa era a incapacidade de se conectar à visão e à missão da empresa.

O líder de nossa equipe de recursos humanos (que chamamos de gerenciamento de talentos) nos lembra frequentemente que o intangível não deve ser subestimado.

VELHO MODELO DE PLANO DE CARREIRA

Símbolos de sucesso: dinheiro, poder, bens materiais

NOVO MODELO DE PLANO DE CARREIRA

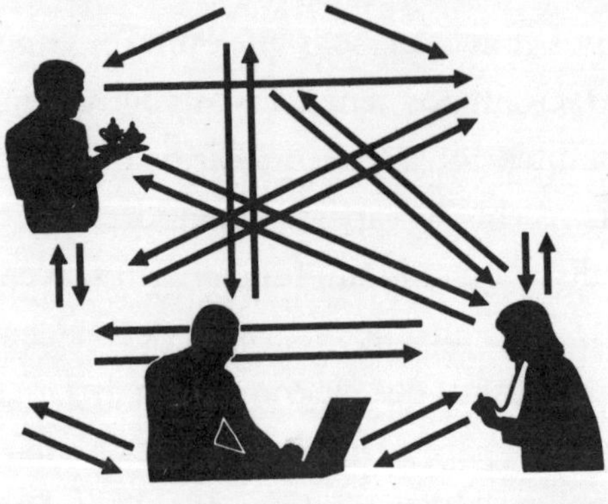

Símbolos de sucesso: humildade, abnegação, satisfação

Um novo modelo de plano de carreira está surgindo e sugere um caminho diferente até o sucesso. Em sua lógica, os membros de uma equipe começam a fazer a diferença logo no primeiro dia de trabalho e não se fala mais do degrau mais baixo da escada, porque não existe escada. Em vez disso, há oportunidades de servir. *A compensação financeira já não é o principal indicador de sucesso. A nova moeda corrente são as relações pessoais.*

A dependência de dinheiro, poder e bens materiais que o antigo plano de carreira representava está sendo substituída por um equilíbrio entre a necessidade de ganhos materiais e a busca por bens intangíveis, como humildade, abnegação e satisfação. O novo modelo reflete aquilo que cada vez mais as pessoas desejam: ganhar a vida e, ao mesmo tempo, fazer a diferença no mundo.

Qual desses dois planos oferece a melhor oportunidade para concretizar sonhos aparentemente impossíveis? Coisas espetaculares acontecem quando agimos guiados por um ideal nobre. Muitos sonhos nunca teriam se realizado se não houvesse um propósito maior por trás deles. No novo modelo de plano de carreira que está surgindo, há mais espaço para a realização. Empresas que se preocupam com as pessoas encorajam os indivíduos a viverem de acordo com valores sagrados. São eles que tornam os sonhos possíveis.

Em 2003, tive a chance de conhecer o Dr. John Gourville. De acordo com as descobertas feitas por ele – um trabalho desenvolvido a partir das pesquisas de Amos Tversky, célebre professor de psicologia de Stanford, e Daniel Kahneman, professor de psicologia de Princeton e ganhador do Prêmio Nobel –, os seres humanos estão o tempo todo avaliando as consequências de ganhos e perdas. Além disso, ele concluiu que estabelecemos um ponto de referência para essas avaliações, um status quo, e que o medo de perder geralmente é mais forte que o desejo de ganhar.

O Dr. Gourville apresentou a ilustração a seguir, que descreve o modo como uma pessoa compreende psicologicamente um aumento de 5 mil reais em sua renda anual. O gráfico da esquerda mostra um aumento ocorrido em janeiro de 2006, enquanto o gráfico da direita ilustra o estado psicológico da pessoa um ano mais tarde. Não é de surpreender que, nesse ponto, o aumento seja considerado status quo. Em outras palavras, no decorrer de 2007, o valor psicológico do aumento recebido em 2006 já não é visto como um ganho.

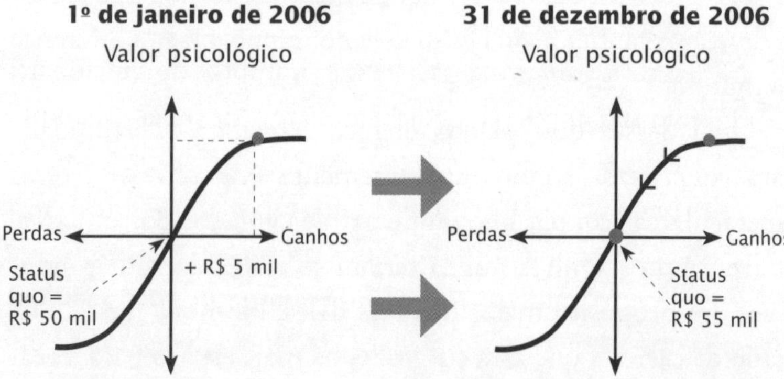

Algumas empresas tentam resolver com dinheiro (compensação financeira palpável) a falta de motivação dos funcionários, em vez de investirem tempo e energia em uma cultura (fatores de estilo de vida intangíveis). É comum as companhias darem gratificações financeiras em reconhecimento por bons desempenhos. Busque alternativas que tenham um valor psicológico simbólico. Viagens e eventos especiais, por exemplo, são uma boa maneira de reconhecer o esforço e agradecer aos membros da equipe.

Aqui estão algumas opções de incentivos não tradicionais utilizadas pela United:

1. Distribua ingressos de shows e eventos para os membros da equipe. Dê mais de um por pessoa, para que possam levar a família ou amigos.
2. Alugue um chalé na serra ou uma casa de praia para emprestar aos funcionários. Organize um sistema de rodízio, de forma que todos tenham a chance de usá-lo.
3. Alugue um camarote num evento esportivo e convide os membros da equipe e seus familiares.
4. Compre um cartão-presente para o funcionário e entregue-o pessoalmente, agradecendo por sua contribuição.
5. Providencie um passeio romântico para um membro da equipe e sua esposa ou marido.
6. Contrate um profissional para tirar fotos do funcionário com sua família. Depois mande revelar todas ou amplie e emoldure a melhor fotografia e lhe dê de presente.
7. Monte uma cesta com produtos especiais e vá entregá-la na casa do membro da equipe ou em seu escritório.
8. Compre um livro sobre um assunto que você sabe que interessará a seu funcionário, faça uma dedicatória e envie para a casa dele.
9. Distribua ingressos para o cinema e tíquetes para pipoca e refrigerante.
10. Contrate um alfaiate e dê a um membro da equipe um traje feito sob medida.

Em todos esses exemplos, a consideração e a lembrança são muito mais importantes do que a compensação financeira.

Gosto de lembrar aos membros da equipe que nossa empresa tem milhares de presidentes, seja num escritório da sede ou no estacionamento, levando as compras até o carro do cliente. *Numa cultura voltada para as pessoas, todos têm poder.* Queremos que nossos funcionários sintam que comandam parte de uma grande empresa composta de milhares de partes como a dele. Somos interdependentes.

De vez em quando, ouço alguém dizer que o trabalho de certa pessoa é mais importante do que o de outra. Não é verdade. O mais talentoso gerente de loja não permanecerá empenhado por muito tempo se não receber suas mercadorias no prazo. Já o centro de distribuição não funcionaria se os motoristas de caminhão não estivessem lá para fazer o transporte da carga, e assim por diante.

No fim, o trabalho de todo membro da equipe é indispensável e precisamos que cada um faça a diferença de que só ele é capaz. *Esta é a beleza de uma cultura voltada para o ser humano: as pessoas são especiais não por causa do cargo que ocupam, mas por sua colaboração única.*

Todos os anos vou a diversas festas em homenagem a nossos funcionários mais antigos. Não faz muito tempo, participei da comemoração de 35 anos de empresa de uma atendente de caixa. Havia centenas de pessoas, entre membros da nossa equipe e clientes que foram expressar sua gratidão. Em alguns casos, nossa funcionária tinha servido a três gerações de uma mesma família.

Fiquei impressionado ao perceber como aquela mulher, que exercia a mesma função havia tanto tempo, se mantinha alegre, realizada e satisfeita. Então lhe perguntei qual era seu segredo. Ela me contou que jamais sentiu que estava saindo de casa para trabalhar. "Conheço todas essas pessoas e me importo com elas. Tenho uma relação com essas famílias e elas têm uma relação comigo. Isso não é trabalho, é minha alegria", disse.

Para muitos, alguém que passasse a vida profissional operando uma caixa registradora de supermercado seria apenas mais uma engrenagem do mecanismo que leva aos lucros. Em uma empresa voltada para as pessoas, porém, é uma inspiração.

CAIXA PREFERENCIAL

- Criar laços verdadeiros reduz a rotatividade de funcionários e os inspira a dar força à empresa.
- Empresas que se preocupam com as pessoas encorajam os indivíduos a viverem de acordo com valores sagrados que, por sua vez, tornam os sonhos possíveis.
- Quando uma empresa é voltada para as pessoas e orientada por uma cultura, todos nela têm poder.

CAPÍTULO 3

Levando vencedores à derrota

Tudo o que somos, fazemos ou em que acreditamos é reflexo das influências que sofremos. Nosso caráter é moldado pelas pessoas ao nosso redor. Viajar, conhecer novos lugares e culturas diferentes acrescenta conhecimento e influencia nossa forma de ser. É impossível não absorver algo do meio em que vivemos.

Minha vida mudou depois que conheci o general Don Peterson. Eu o encontrei pela primeira vez em 1991, na base Randolph da Força Aérea, em San Antonio, no Texas. Na época, ele era o oficial responsável pelo treinamento de pilotos.

Eu era capitão e, certa tarde, na primavera de 1992, estava ao lado do general Peterson à janela de seu escritório. Sua sala era no alto de um prédio que ficava entre duas pistas de pouso, uma usada principalmente por jatos T-38 e outra, por T-37. Dali ele podia acompanhar boa parte das atividades que aconteciam na base. Enquanto observávamos os jatos decolarem para suas missões de treinamento, ele fez um comentário que me chamou a atenção.

– A média de idade dos nossos instrutores é de 25 anos – disse. – Eles voam em jatos caríssimos e levam companheiros que ainda estão aprendendo a pilotar. Minha carreira está em jogo a cada missão deles.

– Como sua carreira pode estar em jogo se eles é que são responsáveis pelo que acontece? – perguntei.

Então veio a resposta:

– Um líder pode delegar autoridade, mas nunca responsabilidade.

Líderes de sucesso entendem que seu papel é servir sua equipe. Eles "pertencem" aos seus funcionários, estão ali para ajudá-los a realizar seu potencial e, assim, conseguirem eles próprios alcançar um desempenho excepcional. Se não assumirem essa responsabilidade, sua carreira estará em risco. É por isso que, quando um time está mal no campeonato, em geral substitui o técnico antes de contratar novos jogadores. O mesmo acontece com as empresas, que também demitem seus presidentes antes de mexerem na equipe.

Ainda há muitos líderes que acreditam que seus subordinados é que são propriedade deles. Esse tipo de mentalidade é destrutivo, porque assim jamais construirão empresas voltadas para as pessoas e orientadas por uma cultura de sucesso duradouro.

Há quem resista ao conceito de liderança servidora por sua conotação religiosa. Outros têm medo de que ele seja associado às definições negativas da palavra "servidão". Há ainda os que argumentam que só é possível servir os outros quando percebemos seus defeitos e fraquezas e, portanto, o próprio ato de servir estaria baseado em algo negativo, em observar o que há de ruim.

Na United Supermarkets, acreditamos que servir significa ajudar os outros a alcançar seu potencial, enfocando não suas fraquezas, mas suas qualidades. Quem escolhe liderar, independentemente de seu cargo na empresa, tem a responsabilidade de ajudar as pessoas a se prepararem para as oportunidades que terão pela frente.

A melhor forma de ser bem-sucedido como líder servidor é orientando as pessoas. É com a ajuda do líder que elas aumentam sua capacidade de contribuir de maneira significativa. *Quando os líderes orientam sua equipe e trabalham para formar uma cultura, asseguram o futuro de suas empresas e criam comunidades com um elo emocional que dura gerações.*

Líderes que se importam com as pessoas e com a formação de uma cultura entendem a importância de haver um elo com o passado. Embora eu tenha morado em vários lugares, tenho um carinho especial pelo Texas. Entre minhas lembranças de infância estão várias viagens a San Antonio para visitar o forte Álamo, onde voluntários texanos lutaram contra as tropas mexicanas.

Esse foi o combate que definiu de uma vez por todas a independência do Texas em relação ao México e permitiu, anos depois, sua integração aos Estados Unidos. Por isso, o forte Álamo se tornou um lugar histórico. Para os texanos, essa batalha simboliza o heroísmo, o sacrifício e a servidão.

Se alguém perguntar a meus dois filhos do que eles mais se lembram da época em que acordavam cedo para ir à escola, provavelmente terá como resposta as frases que eu costumava sussurrar em seus ouvidos: "Eu amo você, e Jesus também" e "Lembre-se do Álamo!" Por que eu as escolhi?

Primeiro porque queria que meus filhos soubessem que, independentemente do que acontecesse, eu os amava e tinha fé em um ser superior que também os amava. Segundo porque queria que eles se lembrassem sempre do que o forte Álamo representa: as oportunidades extraordinárias que a vida oferece de se fazer algo significativo. Era um modo de ligar meus filhos à memória das pessoas que lutam por um ideal, meu jeito de homenageá-las por sua força e abnegação.

Servir é apenas o ponto de partida. Quando se está disposto a orientar e ajudar os outros a desenvolver seu potencial, o resultado é amizade. Uma coisa é servir; outra, completamente diferente, é ser amigo. Há uma frase a respeito disso dita por Jesus na Última Ceia: "Já não os chamo servos, porque o servo não sabe o que o seu senhor faz. Em vez disso, eu os tenho chamado amigos, porque tudo o que ouvi de meu Pai eu lhes tornei conhecido."

É um belo exemplo. A disposição em servir vem em primeiro lugar e, a partir dela, cria-se um campo fértil no qual as relações de confiança, compaixão, compreensão e amizade podem se desenvolver.

Acredito que a disposição em servir e a amizade que dela resulta não devem ser tratadas como assunto religioso nem ser alvo de disputas a respeito de sua ligação com esta ou aquela religião. Meu ponto de vista é que elas transcendem as discussões sobre doutrina e nos permitem compreender melhor o amor de Deus pelas pessoas – e aquilo que nos une é mais importante do que aquilo que nos divide.

Seja do ponto de vista espiritual ou secular, o fato é que todos nós precisamos de um amigo que nos dê forças. Nas empresas voltadas para as pessoas e orientadas por uma cultura, os líderes adotam essa ideia. Por isso, procuram se cercar de amigos, pessoas nas quais confiam.

Alguém poderia argumentar que essa é uma atitude para defender os próprios interesses, favorecer os amigos e aumentar sua influência, algo bastante comum na política. Sim, às vezes é, mesmo. Mas, em geral, trata-se apenas de um líder reunindo uma equipe na qual confia e que pode ajudá-lo a difundir suas ideias rapidamente pela empresa. Por que isso é tão importante?

Lembrando o que disse o general Peterson, um líder não pode delegar responsabilidade. Por isso, ele precisa formar equipes às quais possa confiar a missão da empresa. De que outro modo ele poderia se dizer responsável por tudo o que acontece?

A United Supermarkets atende mais de um milhão de clientes por semana. O presidente da empresa tem a responsabilidade de garantir que todos eles saiam satisfeitos. Imagine ter que lidar com isso sem contar com a amizade, a confiança, a compaixão e a compreensão dos outros membros da equipe. Agora tente visualizar mais de 9 mil amigos – muitos dos quais eu mesmo treinei e orientei – trabalhando juntos por isso.

A habilidade do líder em compreender a importância de servir e de ter amigos é o que faz a diferença entre uma carreira de tropeços e uma de sucesso.

Adotar um estilo de liderança em que haja a preocupação em servir e em criar laços de amizade implica abolir tratamentos ríspidos e injustos. Em empresas voltadas para as pessoas e centradas em uma cultura baseada em princípios, os líderes conhecem o limite entre errar e cometer um crime.

Qualquer pessoa – até mesmo um líder – pode cometer erros. Por isso, os erros devem ser perdoados e quem os cometeu pode continuar na empresa. Mas as coisas mudam quando se trata de um comportamento que vá contra as leis. Se alguém comete um crime, viola também a cultura e os valores morais da empresa. Essa pessoa não deve permanecer no quadro de funcionários.

Há quem lidere por meio de gritos e xingamentos. Apesar de ser um comportamento ridículo e insustentável, infelizmente não é incomum. No esporte, por exemplo, alguns técnicos o justificam ostentando um recorde de vitórias. No início, ninguém os contesta, até que o time começa a perder – e o argumento cai por terra.

Se esses técnicos entendessem que estão ali para servir, provavelmente tratariam seus jogadores como amigos, não como propriedade. Mas amizade significa muito mais do que fazer algo por alguém que também faz algo por você. Ela é um investimento emocional na vida um do outro. Só com ela se cria uma ligação especial, uma jornada em comum.

Larry Hays é técnico de beisebol da Universidade Texas Tech. Eleito melhor do ano nove vezes, em 2005 ele se tornou o quarto técnico na história do beisebol universitário dos Estados Unidos a alcançar a marca de 1.400 vitórias. Mais de 100 de seus jogadores já foram recrutados por grandes times da liga profissional.

Eu o conheci em 1977, quando tinha 17 anos e tentava uma bolsa de estudos como atleta na Universidade Lubbock Christian, onde ele trabalhava. Na época, a universidade não tinha um campo de beisebol. O time treinava e jogava em diversos campos pela cidade. Para mim, isso era muito estranho. Afinal, aquela era a equipe que estava em quarto lugar no ranking da NAIA (National Association of Intercollegiate Athletics), a segunda principal liga esportiva universitária americana.

Diferentemente dos técnicos das outras universidades que eu visitara, que haviam me mostrado suas instalações e explicado detalhadamente seus programas estudantis para atletas, Hays não tinha instalação alguma para mostrar e falou pouco de beisebol. Em vez disso, passamos um longo tempo conversando sobre meus planos e expectativas. Ele tinha um desejo sincero de servir, de descobrir se poderia me ajudar a concretizar meu potencial. Aquilo me impressionou.

Voltei para Houston e, entusiasmado, contei que havia decidido entrar para a Lubbock Christian.

– Como é o estádio deles? – perguntou meu pai.

– Eles não têm estádio – respondi.

– E onde eles treinam?

– Não sei muito bem – disse.

– Você conseguiu uma bolsa de estudos integral?

– Não sei direito de quanto vai ser a bolsa – afirmei.

Meu pai, o engenheiro, tentou resumir a situação:

– Hum, nada de estádio, nenhum lugar para treinos, nem detalhes sobre a bolsa de estudos... Então por que você quer se matricular lá?

– Por causa do técnico Larry Hays. Ele se importa comigo como pessoa, e não apenas como jogador de beisebol – respondi com segurança.

A preocupação em servir do técnico Hays deu origem a uma amizade duradoura. Ao longo dos meus quatro anos na Lubbock Christian, jamais o vi perder a calma, xingar ou agir de modo antiprofissional. Sob a liderança dele, ganhamos quase 200 jogos e nos classificamos para o campeonato nacional.

Ele tratava todos os atletas com respeito e, por isso, conseguia um bom relacionamento com os jogadores, assim como a confiança deles. A comunicação era uma via de mão dupla e todos nós trabalhávamos juntos para alcançar um desempenho superior. Quando eventualmente perdíamos, não encarávamos isso como o fim do mundo, mas como uma oportunidade de aprendizado. O técnico Hays tinha um propósito mais elevado do que simplesmente treinar um time de beisebol.

Desde que entrei para o mundo dos negócios, reflito com frequência sobre o impacto que o técnico Hays teve em minha vida. Seu exemplo de caráter me ajudou a entender que tratar as pessoas com rispidez e injustiça é a reação dos líderes angustiados por não poderem delegar responsabilidades. Sem investir no relacionamento com a equipe, eles jamais alcançarão o nível de confiança e paz que todos almejam. Mas *quando as relações humanas se estabelecem, as amizades se formam e o ensinamento está em curso, o líder aprende a abrir mão do controle absoluto.*

Grandes líderes compreendem a interdependência desses elementos e sabem que a ordem em que as coisas acontecem faz toda a diferença. Eles entendem que, antes mesmo de orientar e criar laços de amizade, precisam servir. *Para que uma empresa tenha sucesso duradouro, é fundamental criar uma ligação entre o que as pessoas fazem e um propósito mais elevado.*

Quanto maior for a ligação estabelecida entre o trabalho feito e um objetivo mais elevado, mais os funcionários se sentirão parte da comunidade – e estar em uma *comunidade* significa ter algo em comum, compartilhar, exatamente como uma família. A comunidade que se cria com a liderança servidora abraça os ideais da empresa quando ela é voltada para as pessoas e guiada por uma cultura ética.

Às vezes os líderes se precipitam ao dar promoções. Eles descobrem alguém talentoso e logo o promovem. Depois se perguntam por que as coisas não deram certo. Esse é um erro comum, motivado pelo desejo de dar oportunidades aos membros da equipe.

Também cometemos esse tipo de erro na United. Por exemplo, nossos açougueiros são profissionais do mais alto nível. Conhecem carnes como ninguém e fazem o corte com perfeição. Agora imagine que estejamos prestes a inaugurar uma nova loja e precisemos de um gerente para o açougue. Nossos supervisores se reúnem para pensar em possíveis candidatos e, com certeza, os nomes de nossos hábeis açougueiros são lembrados.

Depois de uma série de entrevistas, um candidato é escolhido e assume a gerência na nova loja. Pouco depois da inauguração, começam a surgir problemas. Logo se descobre que o novo gerente não é organizado e não sabe liderar uma equipe. Para resolver isso, a solução é contratar outra pessoa. Nosso ótimo açougueiro é então demitido e sai da empresa desmoralizado, sentindo que sua carreira chegou ao fim.

O problema foi que ninguém avaliou se o funcionário estava preparado para se tornar gerente ou pensou em treiná-lo para a função. Afinal, gerenciar requer habilidades bem diferentes das exigidas para se cortar um bife.

As pessoas não devem ser promovidas pelo que fizeram, e sim pelo que são capazes de fazer. Antes de promover alguém, certifique-se de que a pessoa tem as habilidades necessárias para ser bem-sucedida no novo cargo. Não basta que ela tenha se destacado no passado, é preciso que possa se destacar no futuro.

Se seu funcionário é um ótimo açougueiro, reconheça e aplauda seu trabalho, mas não o promova a gerente antes que ele esteja pronto para isso.

Uma decisão errada do líder pode levar os vencedores à derrota. Isso acontece o tempo todo – e é injusto. Orientar os membros da equipe, preparando-os para que possam ser promovidos, é crucial para qualquer organização.

Uma das razões pelas quais sou um defensor da ideia de que as pessoas devem ser preparadas para o sucesso é o fato de ter sido orientado por grandes mentores, que me ajudaram a tirar o máximo proveito das oportunidades que recebi.

Meu pai não teve a mesma sorte. Depois de 20 anos trabalhando como engenheiro em uma empresa, ele percebeu que os funcionários que se expressavam bem eram promovidos mais rápido. Foi quando teve a ideia: se pudesse transmitir informações complexas de um modo que a equipe compreendesse facilmente, teria mais chances de receber uma promoção.

Então, com uma pequena ajuda de seu supervisor e da empresa, ele se matriculou em um curso de oratória de Dale Carnegie. Embora fosse um gênio da matemática, meu pai tinha consciência de que ficava inseguro ao lidar com o alto escalão da empresa. Ainda me lembro de vê-lo praticar em frente ao espelho, usando gestos e dicas que aprendera no curso.

Sua iniciativa foi marcante para mim. Quando fui para a faculdade, meu pai me orientou: "Matricule-se no máximo de aulas de oratória e participe de todos os debates que puder." Ao chegar ao campus, procurei imediatamente por E. Don Williams, que era professor de comunicação, e pedi que me ensinasse a falar em público.

O Dr. Williams me orientou pelos quatro anos seguintes. Ele era um excelente orador e, graças a ele, participei de competições universitárias de oratória por todo o país. Além de gravar em vídeo minhas apresentações, ele costumava me pôr à prova, escolhendo um assunto e pedindo que eu improvisasse um discurso.

Tê-lo como mentor foi uma bênção. Depois da formatura, fui contratado pela afiliada local da rede ABC como âncora do noticiário de fim de semana. Depois, entrei para as forças armadas, onde tive a oportunidade de apresentar nosso trabalho a autoridades estrangeiras e líderes políticos.

Quando entrei para o mundo dos negócios, minha habilidade como orador se revelou uma ferramenta muito útil nas negociações. No cargo de presidente da United, a comunicação eficiente com a equipe é uma das responsabilidades mais importantes. Sem a orientação que recebi do Dr. Williams, provavelmente essas oportunidades nunca teriam surgido para mim. A amizade dele é uma das coisas mais valiosas que a universidade me proporcionou.

Como líderes, precisamos resistir à tentação de promover os funcionários antes que eles estejam preparados. *O sucesso dos membros da equipe depende de nos dedicarmos a criar relações humanas e sermos os primeiros a demonstrar disposição para servir – um desejo real de ajudar os outros a alcançar o máximo de seu potencial.* Não se trata de um compromisso fácil, nem de uma responsabilidade que se possa delegar, porque requer que se invista algo muito valioso: tempo.

A recompensa, contudo, é significativa e duradoura. Servir é o primeiro passo antes de orientar e abre as portas para a amizade e a alegria de saber que se exerceu um papel fundamental na vida de alguém, ajudando um vencedor a cruzar a linha de chegada.

CAIXA PREFERENCIAL

- Líderes podem delegar autoridade, mas nunca responsabilidade.
- Somos influenciados pelas pessoas ao nosso redor. Escolha com cuidado quem exercerá influência sobre você.
- Grandes líderes entendem o papel fundamental da liderança servidora na concretização do potencial de seus funcionários.
- A liderança servidora requer que se dedique tempo às pessoas, mas resulta em relacionamentos de confiança e amizade.
- Um bom líder precisa saber o momento certo para promover alguém de sua equipe.
- É dever do líder ajudar os vencedores a vencer.

CAPÍTULO 4

Diferenciando jogadores de torcedores

Britain Brewer é o gerente geral de uma das lojas da United. Comecei a apreciar seu talento no verão de 1997, quando ele ainda era subgerente e, durante uma visita de rotina, eu me vi em apuros. Um fazendeiro já idoso, de macacão surrado e boné desbotado, entrou na loja e veio em minha direção.

– Vim buscar meu suco. Minha fazenda fica a uma hora daqui e vim de lá só para isso – anunciou.

Claro que eu não tinha a menor ideia do que ele estava falando.

– De que tipo de suco o senhor gostaria? – perguntei.

– Do tipo que vem em garrafa – respondeu ele.

Como a United vende uma enorme variedade de sucos em garrafa, concluí que o mais fácil a fazer seria acompanhá-lo à seção de sucos para que escolhesse o que queria. Antes que eu pudesse lhe comunicar meu plano, contudo, o fazendeiro disse:

– Fiz a encomenda há algumas semanas, para minha esposa.

– Ah, entendo – falei. – O senhor saberia dizer quem anotou o seu pedido?

– Não. Não tenho a menor ideia.

Convidei-o a se sentar, lhe ofereci um café e me dirigi ao escritório, na esperança de descobrir quem teria feito o pedido. A primeira pessoa que encontrei foi uma repositora de mercadorias.

– Você sabe quem pode ter recebido uma encomenda especial de suco feita por um fazendeiro? – perguntei.

– Sim, foi Britain Brewer.

A resposta dela foi um alívio para mim.

– E onde eu posso encontrá-lo? – perguntei.

– Não pode – disse ela. – Ele está de férias.

Senti um frio na barriga. Meu alívio tinha durado pouco. Comecei a procurar por qualquer coisa que se parecesse com uma encomenda especial de suco, mas não encontrei nada. Já estava me preparando emocionalmente para dizer ao fazendeiro que sua viagem de uma hora havia sido em vão quando um de nossos empacotadores me perguntou:

– O senhor está procurando pelo suco?

– Sim! Você sabe onde está?

– Sei – respondeu o jovem. – Britain saiu de férias hoje, mas veio aqui de manhã e deixou a encomenda separada e um bilhete.

O empacotador me levou até uma salinha usada como depósito. Assim que entrei, vi o pacote com o bilhete, que dizia: "Este suco foi encomendado pela Sra. Atwood. O marido dela virá buscá-lo durante as minhas férias. Britain Brewer, subgerente."

Britain foi prestativo a ponto de se importar com o cliente mesmo estando de férias. Graças a ele, o caso foi resolvido e eu pude orgulhosamente entregar o suco ao Sr. Atwood. Quando voltei ao meu escritório, fiz uma anotação para mim mesmo: "Britain Brewer não fica na torcida, ele entra em campo e joga com seriedade."

Empresas são como times, e times têm torcedores. Na verdade, times são uma soma de jogadores e torcida.

Os jogadores representam o time não só quando estão usando o uniforme, mas todos os dias. Afinal, jogando ou não, eles fazem parte da equipe. Eles sabem as jogadas e têm participação direta no resultado de cada partida. Quando a estratégia do jogo funciona, é para eles que vão os elogios. Cada jogador conhece os pontos fortes dos outros membros da equipe e sabe tirar o máximo de proveito deles. As vitórias e derrotas são de todos, resultado do trabalho comum.

Já a torcida é instável. Seu ânimo pode mudar ao sabor do vento. Se o time está ganhando, fica feliz. Se está perdendo, se torna infeliz – às vezes até revoltada. Além disso, os torcedores gostam de dar conselhos, ainda que a maioria deles jamais tenha jogado uma partida. Eles estão no estádio, mas nem sempre vestindo a camisa do time.

No começo dos anos 1970, McCoy McLemore, um jogador profissional de basquete, se mudou para a casa em frente à minha, em Houston. Ele era muito gentil comigo, me levava a treinos e jogos e me apresentou alguns dos maiores jogadores da NBA.

Mas uma das partidas a que McLemore me convidou foi especial. O armador do time, que mais tarde viria a ser um astro do basquete, estava errando todos os arremessos que fazia. Apesar das repetidas tentativas, ele não conseguia pontuar. Era um típico caso de bom jogador tendo um dia ruim, mas a partida estava disputada e a torcida começava a se irritar.

Como eu tinha uma credencial especial, meu lugar ficava perto do banco de reservas, a poucos metros do alvo da hostilidade do público. Fiquei observando o jogador. Os insultos aumentavam, mas ele permanecia concentrado. Já no final da partida, depois de receber uma falta, o armador se viu na linha de arremesso. O time estava perdendo por um ponto. Ele teria dois lances livres. Se convertesse os dois, o time venceria.

Então, com os torcedores mais exaltados ainda reclamando, o armador mirou o alvo e arremessou. Cesta! A bola sequer encostou no aro. Com o placar empatado, o ânimo dos espectadores mudou de repente. Eles começaram a gritar o nome dele.

O jovem parou, quicou a bola duas vezes, olhou para a tabela, arremessou e converteu o segundo lance livre. Os mesmos torcedores que gritavam insultos minutos antes saíram correndo em direção à quadra, querendo carregar o herói nos ombros. Naquele dia entendi a importância de manter a concentração e compreendi que os torcedores às vezes mudam de opinião depressa demais.

Na volta para casa, perguntei a McLemore se ele ficava incomodado com o comportamento da torcida. Pela expressão em seu rosto, vi que não. Atletas de alto nível se preocupam em vencer, não com o que a torcida diz. É uma das características que faz deles profissionais.

Algo parecido acontece nas empresas, mas com um agravante: *os torcedores se infiltram no time, atrapalhando a concentração e o trabalho dos jogadores*. Eles colocam o uniforme, participam das reuniões, fazem ligações de negócios, preparam relatórios e até pedem promoções, mas no final não passam de impostores.

Geralmente, basta observar o processo de contratação para descobrir como esses impostores se infiltram em uma companhia. Muitas delas contratam tendo por base suas necessidades imediatas. Em outras palavras, não fazem recrutamento, entrevista ou contratação antes que surja uma necessidade específica. E, para piorar a situação, em geral, o tempo que se leva entre identificar a necessidade de um novo funcionário e conseguir a aprovação da vaga pela diretoria é longo.

Esse processo só aumenta o cansaço da equipe – que já está trabalhando em excesso para cobrir a falta de uma pessoa. Assim, quando chega a aprovação da diretoria, a necessidade é tão grande que se contrata o primeiro que aparece, sem antes avaliá-lo de verdade. É uma abordagem popular principalmente em culturas voltadas para os números, porque a empresa se autoavalia levando em consideração o orçamento destinado à mão de obra em um período específico.

Contratar o primeiro que aparece permite que impostores se infiltrem nas empresas. Sem um processo seletivo sério, é impossível saber se o candidato se identificará com a visão e os valores da empresa. *No fim das contas, gerenciar com base nas necessidades imediatas é sabotar a vitória de sua equipe antes mesmo que a competição comece.*

Já as empresas voltadas para as pessoas e guiadas por uma cultura adotam uma estratégia mais saudável. Elas estão sempre à procura de talentos. Isso requer que se fique atento a novos jogadores, mas esse esforço é sempre recompensado, porque, enquanto os impostores raramente oferecem algo além de reclamações e desdém, os jogadores colaboram imediatamente, sem tentar rasgar o tecido cultural da empresa.

Os membros da equipe que são obrigados a trabalhar com um impostor logo o reconhecem. Infelizmente, os líderes costumam demorar a identificá-lo. Assim, quando finalmente o impostor é convidado a sair, os outros funcionários ficam se perguntando por que demorou tanto.

Nossas melhores contratações na United foram feitas depois de entrevistas, avaliações, verificação das referências e, no caso de cargos que exigem contato com o cliente, testes. O processo é lento se comparado ao de contratação do "primeiro que aparece", mas a contribuição dada pelos novos contratados faz com que o esforço valha a pena – e a redução na rotatividade de funcionários é uma ajuda e tanto no orçamento.

Mas mesmo os bons jogadores às vezes se desencantam e perdem um pouco do interesse pelo time, passando a se preocupar mais com suas próprias realizações. Esse comportamento geralmente tem mais a ver com vaidade do que com salário. Mas por que isso acontece?

A resposta pode ser encontrada no modelo organizacional concebido pelo Dr. L. Ken Jones, da Universidade Lubbock Christian. É um trabalho que demonstra grande compreensão da vida e da necessidade de liderança em empresas, famílias e entre indivíduos.

O ponto de partida do modelo desenvolvido pelo Dr. Jones são a visão de quem você é e a missão que você quer cumprir. Ele serve para qualquer desafio importante, pessoal ou profissional. Em empresas voltadas para as pessoas e orientadas por uma cultura, os valores devem ser o melhor indicador do que se espera da visão de um líder. Se ela compromete ou viola esses valores, as chances de fracasso são grandes. Por outro lado, se visão e valores caminham juntos, o sucesso é certo, porque as metas e as estratégias gerarão resultados favoráveis.

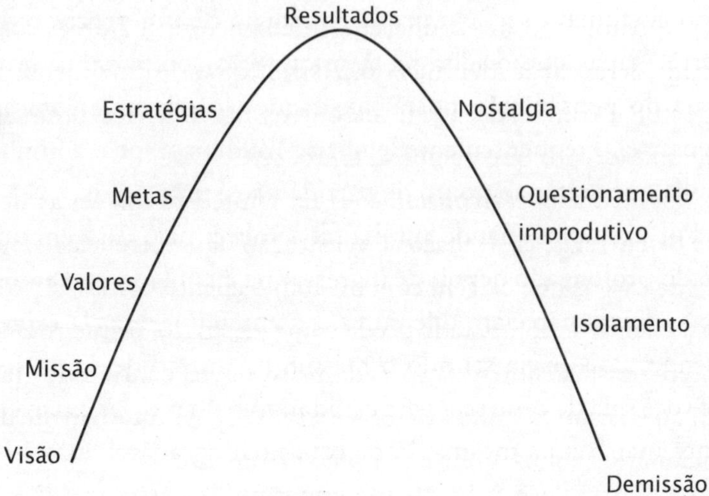

No lado esquerdo do desenho, o progresso diário leva à realização de uma visão. O resultado aqui é a satisfação. Quando meu médico disse que, por causa da pressão alta, eu deveria perder peso, usei esse modelo. Com ele, criei uma nova visão – na qual eu era um homem saudável – e uma nova missão: perder peso. Então coloquei as duas à prova em relação aos meus valores pessoais e vi que não haveria conflitos, porque a pressão alta era uma ameaça às coisas que eu queria realizar como marido, pai e amigo.

Depois, estabeleci uma meta: perder 12 quilos. Por fim, planejei uma estratégia: fazer exercícios pelo menos três vezes por semana e, ao mesmo tempo, mudar radicalmente minha alimentação. Como resultado, perdi todo o peso necessário.

Esse é apenas um exemplo de como o modelo é usado. Depois que perdi peso, minha visão se tornou ainda mais importante. Quando minha meta parecia ameaçada, eu encontrava força e esperança ao imaginar o que alcançaria sendo mais saudável – um futuro com minha esposa, meus filhos e amigos.

Já o lado direito do desenho mostra uma queda. Ela começa com um pensamento nostálgico. Dizer "Vamos voltar ao modo como costumava ser" é o primeiro estágio de um processo de quatro etapas que resulta na desmotivação completa. O problema do pensamento nostálgico é que ele cria uma solução impossível. Frequentemente lembro à minha equipe e à minha família que voltar ao ponto de partida não é uma opção.

Por exemplo, quando minha filha voltou para casa em um feriado prolongado depois de ingressar na faculdade, comentou que as coisas pareciam diferentes. Eu entendi o que ela estava dizendo, pois havia sentido o mesmo na juventude. Uma vez que você saia de casa, seja para estudar, trabalhar ou se casar, ela nunca mais será a mesma. Pode continuar agradável, mas será diferente para você. Não adianta tentar mudar isso.

O segundo estágio da jornada é o questionamento improdutivo, que pode destruir uma empresa saudável. Em geral, são reclamações disfarçadas com um ponto de interrogação. Se uma pessoa diz: "Por que temos de manter essa área tão limpa?", está realmente perguntando algo ou apenas afirmando que não quer se empenhar tanto na limpeza? Questionamentos assim raramente justificam uma resposta, porque não têm nada a acrescentar ao crescimento da companhia.

O passo seguinte rumo à desmotivação total é o isolamento. É o que acontece, por exemplo, quando uma criança para de brincar porque não está se saindo bem no jogo. Ela se afasta e se isola das outras. Se esse estágio tivesse um slogan, seria: "Vou pegar minha bola e ir para casa." No mundo adulto, pode ser ainda pior: "Vou ao trabalho todos os dias, mas não vou realmente trabalhar." A pessoa que passa por isso só pode ficar infeliz.

Com sorte, o funcionário que chegar a esse ponto acabará dando o próximo passo e pedindo demissão. Mas é incrível como as pessoas persistem em se manter no terceiro estágio. Parece estranho que alguém que está tão insatisfeito vá trabalhar todos os dias e se sujeite a mais infelicidade, mas em geral é exatamente o que acontece.

Como líderes, entendemos que é importante que a equipe esteja no lado esquerdo do desenho, a curva ascendente de progresso, satisfação e realização. Mas de que forma um líder pode fazer com que as pessoas que estão em queda no lado direito voltem para o esquerdo?

Em primeiro lugar, ele tem que entender que nem todos voltarão. Por isso, é imprescindível se livrar dos impostores – fazer com que os torcedores saiam do campo. O líder não pode permitir que uns poucos torcedores tirem a concentração dos jogadores e façam o time perder.

Em segundo lugar, é preciso ter em mente que qualquer um pode deslizar pelo lado direito da curva de vez em quando, mas a maioria opta por não permanecer lá. Quando alguém estiver se desviando do caminho, o importante é retomar o foco e abraçar novamente a visão. *Empresas voltadas para as pessoas e orientadas por uma cultura nunca deixam de falar sobre sua visão. Ela é uma ferramenta capaz de fazer grandes coisas acontecerem.*

O modelo desenvolvido pelo Dr. Jones reforça algo que deveria ser evidente para qualquer pessoa no mundo dos negócios: *a vaidade e o egoísmo podem arruinar todos nós, se permitirmos.* Eles estão presentes em cada estágio da curva rumo à desmotivação total.

Infelizmente, líderes, analistas e acionistas que avaliam tudo apenas pelos números não dão atenção a esse assunto, porque não estão preocupados em diferenciar jogadores de torcedores, e os relatórios financeiros jamais lhes revelarão isso.

Para evitar que os torcedores se disfarcem de jogadores, os líderes precisam contratar com atenção, construir relações humanas verdadeiras e honrar a confiança de sua equipe. A longo prazo, essa filosofia gera resultados: a diferença entre a derrota e a vitória.

CAIXA PREFERENCIAL

- Jogadores acreditam na missão; torcedores a enfraquecem.
- Empresas voltadas para as pessoas estão sempre em busca de talentos, não esperam que haja uma necessidade específica.
- Os jogadores mais valiosos não pensam apenas em seus ganhos e sabem controlar o ego a serviço do grupo.
- O líder é responsável por remover os impostores antes que eles arruínem a empresa e sua equipe.
- Mesmo o funcionário mais empenhado pode às vezes se deixar levar pela vaidade e o egoísmo.

PARTE II

Estabelecendo prioridades

CAPÍTULO 5

Definindo "quem": entenda a visão

No final da década de 1970, tive uma experiência marcante durante uma partida de beisebol. Eu estava no centro do gramado, me preparando para arremessar pela minha universidade, a Lubbock Christian, que enfrentava a equipe da Texas A&M.

Na minha cabeça, aquele era um jogo de proporções bíblicas, um caso claro de Davi contra Golias – e meu time era Davi.

Eu havia errado quatro arremessos. Por conta disso, o primeiro rebatedor da outra equipe já ocupava uma base. Isso não era nada bom.

Da primeira base, meu colega Tim Leslie tentou me estimular:

– Você está indo bem – gritou ele.

Mais quatro arremessos ruins e o segundo rebatedor também assumiu uma base. Tim permaneceu otimista.

– Sem problemas. É só acertar os arremessos que a gente elimina os rebatedores.

Nova sequência de arremessos ruins e um terceiro rebatedor da Texas A&M ocupou sua base. Tim ficou mudo.

Então o técnico Larry Hays se cansou de ficar só assistindo. Pediu tempo e veio em minha direção na companhia de Bob Nottebart, meu colega de quarto e nosso receptor.

– Dan, o que está acontecendo? – perguntou Hays.

– Acho que estou nervoso – respondi.

– Você está nervoso? E eu, que escalei você? – disse, brincando.

Ele ficou sério por um instante.

– É só fazer um arremesso válido. Está vendo aqueles sete caras atrás de você? Não ganharam bolsa integral à toa. Se você colocar a bola em jogo, eles eliminam os rebatedores para nós.

Eu entendia o que ele estava dizendo e sabia que era capaz de fazer um arremesso válido.

– Eu vou conseguir, treinador – disse, seguro.

Enquanto Hays voltava para o banco, me virei para Nottebart. Ele estava com um olhar de preocupação.

– Cara, você não está conseguindo nada hoje – disse ele. – Sua bola de efeito não está fazendo curva, sua bola controlada está descontrolada e o seu arremesso de velocidade não está nada rápido.

Ele tinha razão.

– Obrigado por me deixar mais calmo – falei. – Agora volte para lá e me mostre bem onde arremessar.

Nottebart voltou para a área de rebatidas e tomou sua posição atrás do rebatedor, fazendo um sinal para que eu mandasse a bola com velocidade. O quarto rebatedor da Texas A&M se preparou. Então eu fiz meu melhor arremesso. E ele acertou a bola em cheio, rebatendo-a por cima do muro e fazendo um home run.

O técnico Hays saiu do banco.

– Dan – disse, com um sorrisinho no rosto. – Era para ele rebater, mas não para mandar a bola tão longe.

Eu estava vivendo o pior pesadelo de um arremessador, mas tive que rir.

Hoje, quando me lembro daquele dia, não penso em meu sofrimento, mas no bom humor do treinador Hays. Ele não devia estar nada satisfeito com meu péssimo desempenho, mas sabia também que aquilo não era o fim do mundo.

Depois daquela partida e de várias outras em que meus arremessos fizeram a alegria dos adversários, passei as férias treinando. Ao voltar para a faculdade no semestre seguinte, fui procurar o técnico Hays.

– Aprendi um arremesso novo – contei-lhe, empolgado.

– E como é? Válido? – perguntou.

Era com bom humor que Hays se mantinha fiel à visão da Lubbock Christian de fazer com que os alunos desenvolvessem o lado acadêmico e o espiritual, além de caráter e liderança. Eu perdi o jogo contra a Texas A&M, mas ganhei algo inestimável: uma perspectiva que ajudou a fazer de mim quem eu sou.

Ter uma visão é importante. Ela representa o motivo de a empresa existir – a essência do que ela é. Na United, acreditamos que servir as pessoas e melhorar suas vidas por meio do trabalho orientado por humildade, integridade, responsabilidade e excelência é nossa forma de louvar a Deus. Todo membro de nossa equipe sabe que estar na United significa servir.

Conhecer e entender a visão de uma empresa define o campo de ação de seus parceiros e dos membros de sua equipe. Na United, por exemplo, é comum que os funcionários ajudem uns aos outros. Foi o que aconteceu em uma loja, quando o filho de um gerente teve câncer. Os funcionários arrecadaram milhares de dólares para ajudar a família a pagar o tratamento. A empresa também fez uma doação em dinheiro, como parte de um programa concebido, planejado e financiado por membros da equipe que permite que eles ajudem seus colegas em momentos de maior necessidade. Essa é uma magnífica manifestação da visão da empresa – servir e melhorar a vida dos outros.

Todos os dias, o time da United toma suas decisões com base no que entende da visão da companhia. *Em empresas voltadas para as pessoas e orientadas por uma cultura, manuais de treinamento e checklists podem servir para esclarecer e padronizar procedimentos, mas não são o coração e a alma da empresa.* Transmitir claramente a visão permite que a equipe tome decisões que apoiem seu propósito mais elevado.

Já que os líderes não podem delegar responsabilidade, devem delegar autoridade para que o trabalho seja feito. É impossível dar aos funcionários um passo a passo das atitudes a tomar em todas as situações possíveis. Por outro lado, você pode fazer com que todos na companhia compreendam sua visão e aonde deseja chegar. Assim, cada funcionário se torna um embaixador da empresa e tem permissão e segurança para fazer o melhor em nome dela. Agir dessa forma faz com que as pessoas se liguem a uma causa comum, o que resulta em mais confiança e organização.

Ainda há líderes que se opõem à ideia de declarar a visão da empresa, provavelmente porque não compreenderam o papel que isso exerce no desenvolvimento de potenciais. O exemplo a seguir talvez ilustre melhor o assunto.

Imagine uma autoestrada onde os carros se deslocam com rapidez. Apesar da proximidade entre os veículos e da alta velocidade na pista, o número de acidentes é infinitamente menor que o de carros que trafegam por ela. Isso acontece porque, com raras exceções, os motoristas estão fazendo o máximo possível para evitar uma colisão. Em outras palavras, existe um consenso quanto à autopreservação.

Isso gera uma sensação de segurança e organização que beneficia todos que usam a autoestrada. Além do mais, pense em como essa visão de autopreservação enriquece o potencial humano: graças a ela, as pessoas se deslocam, veem realidades diferentes e adquirem novas experiências.

Se você entendeu essa analogia, certamente já deduziu que um único motorista que não pense da mesma maneira e não siga os mesmos padrões pode causar sérios problemas. Por isso, quando um mau motorista faz uma manobra arriscada, todos os outros reagem instintivamente, fazendo o que for preciso para manter a segurança que a autopreservação requer. É incrível a força que uma grande visão comunicada com clareza tem, pois as pessoas farão todo o possível para não comprometê-la.

Em grande parte, os líderes são responsáveis pelo grau de fidelidade que as pessoas têm à visão da empresa. *Em organizações voltadas para as pessoas e orientadas por uma cultura, os líderes valorizam atitudes que apoiam a visão, mesmo quando isso significa burlar algumas regras.* Voltando à analogia com a estrada, um motorista não seria criticado se, para evitar um acidente, mudasse de faixa sem acionar a seta.

É por isso que, em empresas que tornam clara sua visão, os funcionários conseguem tomar decisões com segurança mesmo na ausência de um supervisor: porque têm poder para fazer o melhor em nome do cumprimento da visão.

Às vezes os manuais com diretrizes básicas são úteis, mas a maioria das empresas os utiliza apenas para cobrar disciplina. *Em empresas voltadas para as pessoas e orientadas por uma cultura, os líderes se dedicam mais a construir relações e transmitir a visão do que a imaginar o que poderá acontecer fora dos padrões determinados.*

Comunicar a visão com eficiência permite contextualizar o que se espera de um funcionário. Assim, quando surge um problema, a conversa assume um tom diferente. Em vez de dizer "Você está atrasado" – uma frase que, apesar de direta, não estabelece ligação com o propósito elevado – o supervisor poderá argumentar: "Nossa visão é a de servir os outros, e nós o contratamos porque sentimos que você pode dar uma contribuição especial para isso. Se você se atrasar, não poderemos servir nossos clientes tão bem quanto faríamos se você chegasse na hora."

Com a primeira abordagem, o funcionário entenderá somente que uma regra foi quebrada e que a punição irá de advertência a demissão. Na alternativa, a postura correta ficará contextualizada na visão e ressaltará a contribuição única de cada pessoa à empresa.

Em uma empresa obcecada por números, muitas vezes se opta por citar *ipsis litteris* o manual de posturas, mas *as organizações voltadas para as pessoas e orientadas por uma cultura preferem relacionar o desempenho ao cumprimento da visão.*

Do mesmo modo que estabelecer uma visão é importante para as empresas, os indivíduos também precisam identificar uma visão pessoal. Não é raro ver pessoas sem um rumo na vida. E isso não acontece apenas nas camadas marginalizadas da sociedade: há muitos homens e mulheres saudáveis, que receberam boa educação e apoio familiar e, ainda assim, passam sua existência sem saber aonde ir. Todos precisam de um objetivo, algo que se deseje ardentemente e que dê esperança.

Também é importante não deixar que, uma vez estabelecida, a visão nunca mais mude. Pode parecer contraditório pensar que uma visão precise ser alterada de vez em quando, mas é verdade. As coisas podem mudar ao longo do tempo e tanto as pessoas quanto as empresas precisam se adaptar às novas realidades.

Há pouco tempo, por exemplo, um dos membros da nossa equipe se aposentou depois de muitos anos na empresa. Meses antes da aposentadoria dele, nós dois nos sentamos para conversar sobre uma nova visão para sua vida. Ele havia passado tantos anos imerso no trabalho que praticamente não pensara no que aconteceria depois que se aposentasse.

Ao ouvi-lo, pude perceber que era uma pessoa de fé e feliz no casamento, o que lhe dava um propósito e uma paixão. Mas ele não tinha qualquer plano, e isso o deixava sem prioridades. Não esperava alcançar mais nada na vida, não tinha uma nova visão.

Empresas não são diferentes. Em alguns casos, elas precisam de mudanças profundas. Mudar a visão sem um motivo claro, contudo, é um erro que indivíduos e empresas devem evitar, porque cria instabilidade e atrapalha a comunicação entre os familiares ou integrantes da equipe.

Lembre-se de que a comunicação é um elemento essencial ao estabelecimento da visão da empresa. Na falta de informações relacionadas à visão, os membros da equipe geralmente pensam o pior.

No capítulo 2, falamos sobre o medo de perder ser maior que o desejo de ganhar. Muitos líderes não buscam novos desafios porque não querem correr o risco de sofrer por conta de um fracasso. Isso faz ainda mais sentido quando pensamos no papel que o ego exerce em nossa autoestima. A maioria das pessoas teme fracassar, mas seu ego não as deixa admitir isso abertamente. Líderes capazes de substituir a vaidade pela humildade têm mais chances de atingir seu potencial de crescimento e de ganhos do que os que se deixam aprisionar pelo medo.

Um líder não deve se cansar de discutir e formar a visão da empresa. A falta de informação leva a equipe a ter medo – que é o segundo maior obstáculo ao cumprimento da visão (atrás apenas do orgulho, que comentaremos mais adiante neste livro). A visão pode mudar, mas o líder precisa fazer com que os funcionários a tenham sempre em mente, porque ela expressa a essência da organização.

No decorrer do tempo, empresas, famílias ou indivíduos enfrentam muitos desafios. Ter uma visão – saber exatamente quem são – ajuda a enfrentá-los e é indispensável para se manter o sucesso a longo prazo.

Para empresas voltadas para as pessoas e orientadas por uma cultura, o ponto de partida é o estabelecimento de uma visão. Ela representa uma plataforma estável, um porto seguro num mar de instabilidade. Os especialistas divergem no que diz respeito à maneira mais eficiente de se desenvolver uma visão, mas aqui vão quatro orientações que abrangem o essencial que você precisa saber sobre o assunto.

Primeiro, pense grande. Em qualquer organização, peça aos envolvidos que compartilhem ideias relacionadas à necessidade da sua existência. Garanta que se mantenha a ênfase na cultura e nas pessoas.

Em segundo lugar, identifique que diferença relevante a organização fará no mundo.

Terceiro, concentre-se no essencial – os valores morais já internalizados pelo grupo e dos quais não abre mão. A visão deve refletir, acima de tudo, um coração e uma alma.

Por último, resuma a visão em poucas palavras. É difícil se lembrar de declarações extensas, por isso elas se perdem com o passar do tempo. Menos é mais quando se trata de explicar quem você é.

Algumas das melhores visões que conheci são curtas e incorporam um propósito mais elevado: "Damos vida a coisas boas" (General Electric), "Nós sabemos o que significa servir"

(USAA, empresa que presta serviços a militares e suas famílias), "A Índia será livre; vocês são apenas hóspedes em nossa terra" (Mahatma Gandhi, pela independência indiana), "Todos os homens nascem iguais" (Thomas Jefferson, principal autor da Declaração de Independência dos Estados Unidos).

Um bom exercício para elaborar uma visão duradoura é escrevê-la como se fosse nosso próprio obituário, primeiro refletindo sobre nossa situação atual e, depois, sobre quem almejamos ser no futuro. Isso nos obriga a enxergar as coisas de um ângulo diferente. Uma declaração de visão eficiente tem mais a ver com importância do que com sucesso.

Em outras palavras, "Aumentar em 4% o retorno sobre os ativos" não é uma declaração de visão, embora empresas centradas em números acreditem e defendam que frases assim levam as pessoas a darem o seu melhor. Com o mesmo objetivo, uma empresa voltada para as pessoas e orientada por uma cultura poderia definir sua visão com o lema "Melhore tantas vidas quanto possível".

Melhorar a vida do máximo de pessoas possível pode se refletir, por exemplo, em um aumento de capital suficiente para construir mais lojas, de modo que a empresa possa interagir com um público maior. Essa estratégia provavelmente faria crescer o retorno sobre os ativos, mas por motivos muito mais nobres. E o mais importante: a visão estabelece as bases para que a empresa obtenha sucesso duradouro numa área relevante para a comunidade.

Assim como os altos e baixos de uma organização são reflexos de sua liderança, o líder pode sair de um vale e chegar ao pico como resultado de uma visão clara transmitida com simplicidade e facilmente compreendida. Como Provérbios 29:18 alerta: "Onde não há visão, o povo se desvia."

CAIXA PREFERENCIAL

- A visão de uma empresa deve expressar o propósito de sua existência.
- Líderes devem se dedicar mais a construir relações e transmitir essa visão do que a imaginar maneiras de flagrar as pessoas desrespeitando os padrões determinados.
- É importante alterar e atualizar a visão da empresa quando necessário.
- A falta de informação leva a equipe a ter medo – que é o segundo maior obstáculo a que se cumpra a visão (atrás apenas do orgulho).
- Uma declaração de visão eficiente tem mais a ver com importância do que com sucesso.

CAPÍTULO 6

Definindo "o quê": conheça a missão

Em qualquer organização, definir o que se está fazendo para realizar a visão traz clareza. Pouco depois que entrei para a diretoria da United, decidimos refazer nossa declaração de missão. Ela era expressa em 35 palavras e nenhum de nossos executivos a conhecia de cor. Não podíamos esperar que milhares de membros da equipe se lembrassem dela. Precisávamos de uma frase curta, que desse vida à nossa visão de servir e melhorar a vida dos outros e da qual todos se lembrassem.

Nossa equipe ficou inspirada a agir depois de assistir a um documentário sobre a agência espacial norte-americana (NASA). O filme mostrava aquela que talvez tenha sido a declaração de missão mais divulgada no mundo nos anos 1960. O presidente John F. Kennedy desafiava seu país a levar um homem à Lua e trazê-lo de volta em segurança até o fim da década. Aquele desafio, feito em 1961, significava que o programa espacial recém-nascido teria de lançar mão de todos os seus recursos rapidamente.

Para ajudar a equipe a manter o foco, os líderes da NASA difundiram uma declaração de missão que refletia sua nova visão: "Levar o homem à Lua e trazê-lo de volta em segurança", à qual muitos se referiam simplesmente como "A Lua".

Com essa declaração, a agência espacial – que desde sua criação, em 1958, não tinha um objetivo específico – conseguiu inspirar feitos incríveis. Historiadores que entrevistaram funcionários da

NASA na época notaram que todos pareciam extraordinariamente focados na missão. Dos faxineiros aos cientistas responsáveis pelos projetos, a equipe inteira era incrivelmente concentrada e confiante. Fracassar não era uma opção.

Embora as pessoas da United não tenham mandado o homem à Lua e reescrito a história da humanidade, nossa nova declaração de missão transformou, realmente, a história de nossa empresa: atendimento insuperável, desempenho superior e impacto positivo.

Essas seis palavras mudaram o modo como as pessoas envolvidas com a empresa viam nosso trabalho. Mais importante: os membros da equipe passaram a acreditar nelas, memorizá-las e lhes dar vida. Hoje, esperamos que todos na United compreendam a declaração de missão e sua importância nas operações diárias.

Muitas empresas guardam sua declaração de missão em uma gaveta. Como consequência, não usufruem os benefícios que manifestar o compromisso com a concretização de sua visão proporcionam. *As empresas só conseguem realizar seu potencial quando fazem com que sua declaração de missão seja conhecida.*

Na United, nossa missão é exibida em todos os lugares – salas de reunião, escritórios, refeitórios e vestiários e até nas lojas. Além disso, sempre que possível encorajamos os membros da equipe a assinar os cartazes em que ela está escrita – uma forma simples de assegurar o comprometimento pessoal e a responsabilidade individual. A prova mais convincente de que uma declaração de missão existe é colocá-la em prática todos os dias.

Declarar a missão evita as confusões que frequentemente acontecem em grandes empresas. Ela lembra a todos, dia após dia, as expectativas gerais, proporcionando aos funcionários uma visão comum das responsabilidades.

Uma vez que uma empresa adote essa postura, poderá lidar com qualquer adversidade com muito mais eficiência, porque os membros da equipe buscarão realizar a missão instintivamente – eles conhecerão a linguagem. Mesmo quando um imprevisto ou uma crise exigirem uma mudança na missão, a postura adequada minimizará o impacto negativo em uma empresa.

Por exemplo, quando a *Apollo 13* foi lançada, em 11 de abril de 1970, sua missão era pousar na Lua, coletar amostras de solo e instalar equipamentos científicos. Além disso, a equipe da nave pretendia aprofundar as capacidades de trabalho no ambiente lunar e fotografar lugares com potencial de serem explorados.

Entretanto, dois dias depois de deixar a base, a tripulação da *Apollo* dizia ao controle em Terra a frase que ficou famosa: "Houston, temos um problema." O módulo de serviço estava perdendo oxigênio e energia elétrica, o que obrigou os três astronautas a ficarem no módulo lunar, enquanto os engenheiros da NASA trabalhavam incansavelmente em busca de uma solução que salvasse suas vidas.

Em 1995, Ron Howard dirigiu o filme *Apollo 13*, um relato fiel dos eventos que cercaram o resgate dos astronautas. Em uma das cenas mais interessantes do filme, o diretor de voo Gene Kranz, interpretado por Ed Harris, entra em uma sala repleta de controladores de voo tensos, preocupados com a possibilidade de perderem os astronautas. Ele pega um giz e desenha dois círculos no quadro-negro, um representando a Terra e o outro, a Lua. Então traça a trajetória da *Apollo 13*, ilustrando a rota que a nave estava seguindo e a rota necessária para salvar os astronautas. A sala fica em silêncio.

Kranz prossegue e cria uma nova declaração de missão para a NASA no caso da *Apollo 13*: resgate seguro. Ao fazer isso, ele põe fim às discussões sobre perder os astronautas. Imediatamente, os controladores de voo reajustam seus raciocínios, restauram a ordem e começam a se concentrar na nova missão.

Usando peças improvisadas feitas pelos astronautas sob orientação da equipe na Terra, a *Apollo 13* voltou em segurança no dia 17 de abril de 1970, sem ter chegado a cumprir suas metas. Mesmo assim, em suas palestras e em seus textos, James Lovell, capitão da nave, se refere à *Apollo 13* como "um fracasso bem-sucedido", optando por enfatizar o sucesso da NASA na missão que se tornou mais importante: o resgate de três seres humanos.

É uma história de liderança, trabalho em equipe, imaginação e persistência – uma combinação que beneficiaria qualquer organização. Desde cedo, a NASA construiu uma cultura de "cumprimento da missão", tornando-se uma instituição comprometida com objetivos e metas específicos. Entretanto, no caso da *Apollo 13*, ela mostrou algo mais, que falta a muitas organizações: dar importância às pessoas.

Foi por estar em um ambiente em que os líderes estimulavam as boas ideias e o alto desempenho que a equipe da NASA pôde chegar à solução que salvou as vidas dos três astronautas.

Uma empresa precisa não apenas cumprir missões, mas também dar importância às pessoas. Alguns dizem que uma cultura pode se voltar para o cumprimento da missão ou para as pessoas, mas nunca para as duas coisas ao mesmo tempo. Eles argumentam que, quando foca a missão, a empresa enxerga somente a meta e que, quando se volta para as pessoas, dá flexibilidade de mais a elas, em prejuízo das metas. Esse tipo de raciocínio leva as organizações a acreditarem que só podem optar por um caminho ou outro e criar sua missão a partir do que escolherem.

Minha opinião é totalmente diferente. Como vivo numa região conhecida pela produção agrícola, associo a palavra *cultura* a *cultivo*. Os agricultores começam com nada além de terra: eles cultivam o solo e o preparam para ser semeado, o que, por fim, produz uma colheita. Embora a escolha do que plantar leve em conta os preços e as políticas governamentais, ela cabe essencialmente à pessoa que está fazendo o plantio, isto é, ao agricultor. Dependendo de seus interesses pessoais e das condições do mercado, ele terá várias lavouras no exato lugar onde antes a terra era improdutiva.

Pode haver uma cultura que se adapte melhor do que outra ao solo, mas é o agricultor quem decide qual produto será plantado, e não a terra. A fazenda é voltada para as pessoas e orientada por uma cultura. Seu êxito requer o cultivo constante da semente escolhida. Este é um modelo de sucesso que vem sendo empregado há séculos nas áreas rurais.

Empresas que buscam um modelo de sucesso sustentável a longo prazo também seguem esse padrão. Elas têm uma ideia clara do que querem plantar (visão) e contam com pessoas capacitadas para escolher que tipo de semente cultivar (missão), entendendo que o sucesso dependerá do cultivo (cultura) da semente. Logo, são empresas orientadas por uma cultura (cultivando constantemente) e voltadas para as pessoas (porque as escolhas são feitas por elas).

Portanto, é plenamente possível que as organizações se voltem para o cumprimento da missão e, ao mesmo tempo, para as pessoas – desde que o líder esteja disposto a dedicar o tempo necessário para criar um ambiente no qual as duas culturas possam se desenvolver.

Vejamos o caso do Dr. Kenneth Cooper. Ele deu início a uma revolução mundial na área de saúde ao publicar o livro *Capacidade aeróbica,* em 1968. Graças a seu trabalho, as pessoas começaram a entender que prevenir o surgimento de doenças seria melhor do que tratá-las e que muitos problemas de saúde poderiam ser evitados por meio de atividades físicas.

Ao visitar a clínica do Dr. Cooper, logo se percebe a diferença em relação a outras instituições médicas. É um lugar aconchegante e tranquilo onde, desde o começo da consulta, se enfatiza a importância da prevenção. Milhares de pessoas, de todos os lugares, se tratam lá, agendando o atendimento com meses de antecedência. Por que elas fazem isso?

Porque a missão do Dr. Cooper é dar aos pacientes as ferramentas, a educação e a motivação necessárias para que tenham um estilo de vida saudável e ativo, e os membros de sua equipe estão comprometidos em criar um ambiente positivo, centrado num futuro melhor, com prevenção, boa forma física e bem-estar.

A clínica do Dr. Cooper é um ótimo exemplo de organização orientada por uma cultura e voltada para as pessoas, mas ela não chegou a esse ponto por acaso. Todos os médicos, enfermeiras e demais funcionários entendem a missão da empresa e por isso conseguem agir de modo a dar suporte ao propósito maior: a visão única do Dr. Cooper. Os pacientes percebem esse compromisso e vivenciam a diferença.

Quando não há uma abordagem disciplinada a respeito do cumprimento da missão, as empresas tendem a ficar à deriva, sem foco. Às vezes mesmo quem ajuda líderes a criar declarações de missão acaba não seguindo os próprios conselhos. Foi o que aconteceu na agência de publicidade em que trabalhei.

Ajudávamos nossos clientes a criar suas declarações de visão e missão, mas ignorávamos que também precisávamos de um rumo. Em determinado momento, ficamos totalmente obcecados por vencer os concorrentes, sempre preocupados com o que *eles* criavam. Até que um dia o sócio fundador da agência apresentou à equipe um novo mundo com o livro *Sur/Petition* (Acima da competição, em uma tradução livre), de Edward de Bono.

De acordo com De Bono, competir não é suficiente; é preciso mostrar seu diferencial. Depois de conhecer as ideias de *Sur/Petition,* a equipe rapidamente mudou seu foco. Nós nos tornamos menos interessados na concorrência e nos concentramos mais no valor que podíamos agregar para nossos clientes. Além disso, identificamos uma declaração de missão que ressaltava nossos potenciais de um modo que os clientes poderiam apreciar:

- Aumentar a relevância
- Diminuir o tempo de colocação no mercado
- Melhorar o retorno sobre o investimento

Quase de imediato, a nova declaração de missão mudou a empresa. Daquele dia em diante, todas as decisões tiveram de passar pelo teste da declaração de missão. Em outras palavras, a equipe concordou com a ideia de que, se um novo produto ou serviço não acrescentassem relevância ao que era anunciado, não diminuíssem o tempo de colocação do material promocional no mercado ou não aumentassem o retorno do que o cliente tinha investido em publicidade, não valeria a pena gastar tempo com eles.

O direcionamento que a declaração de missão proporcionou foi uma experiência esclarecedora e também libertadora. Todos na empresa sentiram seu compromisso com os clientes renovado. Nossos manuais e materiais de referência deixaram de parecer velhos e fora de sintonia com o mercado para exibir uma linguagem precisa, escolhida para tornar nossos produtos fáceis de serem identificados e adquiridos.

Aprender a dizer "não" foi a parte mais difícil ao adotarmos a nova declaração de missão. É algo que obriga as pessoas na empresa a enfrentar a verdade: não podemos satisfazer a todos e não podemos ser os melhores em tudo. Esse é um passo importante e vale para toda empresa que se compromete a dar vida a uma declaração de missão. O que mais importa é permanecer fiel à visão e à missão, mesmo que isso signifique passar uma negociação para outra empresa ou decidir não desenvolver um novo produto pedido pelo cliente. Isso pode significar abrir mão de alguns negócios de vez em quando.

Empresas que levam suas declarações de missão a sério precisam avaliar seus processos, de modo a garantir que eles vão ao encontro do que planejam realizar.

Na United, tudo o que antes entendíamos como qualidade no atendimento foi reformulado. Desafiamos nossas convicções procurando fora do ramo de supermercados as melhores práticas em uso. Além disso, contratamos clientes como conselheiros, uma experiência que proporcionou a troca de informações direta com o consumidor.

Depois, avaliamos cada uma das lojas da rede para determinar o que fazer para melhorar seu desempenho. Até as lojas com resultados louváveis foram criteriosamente avaliadas. Juntos, os funcionários descobriram problemas relacionados ao desperdício e à ineficiência e embarcaram na busca constante de um novo padrão de desempenho. Então abolimos algumas práticas que pareciam mais agradar à empresa que beneficiar o cliente.

Paramos, por exemplo, de exigir que as latas ficassem perfeitamente alinhadas nas gôndolas – afinal, somos supermercados, não museus. Essa mudança tão pequena gerou uma enorme economia, mesmo tendo sido difícil fazê-la, já que enfileirar os produtos com precisão era uma prática antiga.

Por fim, renovamos nossos esforços em causar um impacto positivo na comunidade. De doações em dinheiro e produtos até participações mais diretas em projetos comunitários, nos empenhamos em ser mais atuantes. Em vez de nos acomodarmos com nossas realizações anteriores, optamos por fazer mudanças quando e onde era necessário e possível.

Em alguns casos, mudar significou abandonar algo que foi útil por muito tempo mas já não se mostrava eficiente. Encerramos alguns programas e criamos outros, sempre levando em conta o investimento necessário em dinheiro e tempo para que eles se mantivessem bem-sucedidos. Nosso esforço melhorou a empresa e criou um espírito de colaboração jamais visto antes.

Como consequência, descobrimos algo que só as empresas voltadas para as pessoas e orientadas por uma cultura sabem: no que diz respeito a uma boa declaração de missão, a inspiração é o início de uma jornada maravilhosa. É mais um rumo do que um destino – um rumo que deixa a empresa mais perto de realizar sua visão e se tornar o que pretende ser.

CAIXA PREFERENCIAL

- Uma declaração de missão curta e marcante dá vida à visão da empresa, tornando seus objetivos claros para a equipe.
- A declaração de missão não deve ficar guardada em uma gaveta, mas ser exibida por toda a empresa e conhecida por todos os funcionários.
- É importante que as organizações se voltem para as pessoas e para a missão. As duas coisas devem coexistir e se completar.
- Ter uma declaração de missão clara permite que as pessoas na empresa percebam que ninguém consegue agradar a todos ou ser o melhor em tudo.

CAPÍTULO 7

Definindo "quando": mantenha a fé

Jim McIngvale é um comerciante experiente de Houston, no Texas, e uma celebridade local, dono da Gallery Furniture.

Sua loja reflete a paixão do próprio McIngvale por diversão. Ele, que mostra o seu melhor ao lidar com o público, tem uma energia inesgotável e parece não parar nunca. McIngvale também supera qualquer vendedor na face da Terra e ainda tem tempo para distribuir bolas de basquete no estacionamento da loja. Seu enorme sucesso se deve, em parte, a duas promessas feitas aos consumidores:

Promessa nº 1: "Você vai economizar."

Promessa nº 2: "Compre hoje e receba hoje."

Como a Gallery Furniture entrega as compras no mesmo dia, as pessoas vão até lá para satisfazer suas necessidades imediatas. Isso apenas confirma o que um vendedor costumava responder com empolgação quando lhe perguntavam sobre os móveis mais vendidos: "Os mais vendidos são os que temos em estoque."

Ele estava certo. A maioria das pessoas não quer esperar meses por um móvel.

No dia em que minha esposa me levou à Gallery Furniture, vimos algumas belas camas, mas não encontramos exatamente a que havíamos imaginado. Deixamos a loja, entramos no carro e estávamos saindo do estacionamento quando, para minha surpresa, um homem veio lá de dentro e pediu que parássemos. Era o próprio

Jim McIngvale. Eu abri a janela e ele implorou que voltássemos à loja. "Vou fazer uma condição especial para uma cama que vocês vão adorar!", prometeu.

Expliquei nossa situação, mas ele insistiu. Àquela altura, já havia uma multidão em volta do vendedor celebridade. Estacionei o carro e voltei para dentro da loja. Pouco depois, havíamos comprado uma cama nova, economizando 80 dólares e levando uma bola de basquete de brinde para meu filho. A cama foi entregue naquela tarde. Minha esposa e eu ainda rimos quando nos lembramos desse dia.

Em sua autobiografia, McIngvale afirma: "As pessoas reagem mais rápido às ações que às palavras. Quando estou atendendo um cliente, minha equipe pode testemunhar e sentir minha dedicação e paixão. Seria muito mais difícil expressá-las com palavras. Eu podia ser como outros empresários e deixar que só os funcionários atendessem as pessoas e fechassem as vendas, mas não faço isso porque acredito que um líder tem de estar presente."

Jim McIngvale sabe do que está falando: a Gallery Furniture é o que é porque ele é quem é. A pessoa e a empresa são interdependentes. Sem McIngvale, ir à Gallery Furniture seria uma experiência completamente diferente – não necessariamente ruim, mas mesmo assim diferente.

McIngvale optou por não abrir muitas lojas, porque isso permite que ele permaneça fiel à experiência que só ele pode oferecer. Algumas empresas, sobretudo as de capital aberto, sucumbem à pressão de crescer e, assim, acabam comprometendo sua visão e sua missão – quem elas são e aquilo que fazem.

Empresas diferentes têm motivos diferentes para querer crescer. Infelizmente, muitas buscam o crescimento sem levar em conta as consequências. É bastante comum, por exemplo, que as empresas – principalmente as de capital aberto – optem por crescer para disfarçar maus resultados. Por causa da pressão dos acionistas e analistas financeiros, elas acabam comprando outras companhias apenas por conveniência. Talvez essa estratégia faça com que se ganhe algum tempo enquanto se busca outra solução, mas ela raramente consegue atacar a raiz do problema.

O crescimento da empresa pode despertar outras tentações. Logo depois da virada do século, a United adotou um plano de expansão agressivo que prejudicou alguns de seus setores estratégicos. Tomamos uma decisão errada quanto a nossos imóveis, construímos instalações grandes demais e não levamos em conta nossa habilidade de captar e desenvolver talentos.

Foi um ótimo exemplo do que acontece quando uma empresa se desvia de seus princípios. Na época, nossa equipe de liderança e nossos consultores financeiros acreditavam que tínhamos uma estratégia excelente. Todos nos deixamos levar pelo entusiasmo, mas esquecemos a missão de atendimento insuperável, desempenho superior e impacto positivo.

Como consequência, o moral dos funcionários caiu e o desempenho da empresa sentiu esse efeito. Vários profissionais experientes nos deixaram. Então o plano de expansão foi suspenso indefinidamente. Não é de surpreender que alguns de nossos críticos mais ferrenhos fossem justamente os que antes se mostravam mais entusiasmados com nosso crescimento.

Para restaurar nossa estabilidade financeira e a esperança da equipe, foi necessária uma reestruturação ampla e dolorosa que exigiu o primeiro corte de pessoal em 87 anos. Foram noites de insônia e muita reflexão, uma experiência emocionalmente desgastante. Foi também um dos momentos mais tristes da história da United, que abalou a confiança de proprietários, líderes, membros da equipe e clientes.

A empresa que havia sido construída com a premissa de que as pessoas são a alma do negócio ignorara esse princípio básico.

Mas, em pouco menos de um ano e com lealdade total aos princípios sobre os quais fora fundada, a United renasceu mais unida do que nunca. *A volta por cima só foi possível porque os líderes falaram honestamente dos erros cometidos e se abriram à discussão sobre o que seria necessário para corrigi-los.* Tenho certeza de que nada disso teria sido possível com tanta rapidez se não houvesse um comprometimento com o diálogo honesto.

A United, claro, não foi a única organização a cair nesse erro. Muitas outras empresas se desviam de sua visão e missão, encantadas pela possibilidade de aumento dos lucros e sem levar em conta o limite de sua capacidade de pôr os planos em prática.

A rede de lanchonetes Krispy Kreme foi fundada por Vernon Rudolph. A empresa familiar aos poucos se expandiu por todo o sudeste dos Estados Unidos, em um crescimento lento e comedido – fruto do compromisso de Rudolph com a qualidade.

Em 1973, o fundador morreu e a empresa foi vendida. Em 2000, depois de ser revendida diversas outras vezes, a Krispy Kreme decidiu abrir seu capital, como parte de uma estratégia para alavancar seu crescimento. No lançamento das ações, elas quadruplicaram de valor. Pouco depois, as coisas começaram a mudar.

Em vez de aumentar a venda investindo nas lojas, a Krispy Kreme priorizou o crescimento da receita da empresa-mãe, obrigando os proprietários das franquias a comprar dela equipamentos e matérias-primas – a preços muito mais altos que os praticados pelo mercado. Ao mesmo tempo, pensando apenas nos royalties que recebia dos franqueados, permitiu que se instalassem lojas onde já havia outras, o que as forçou a competir entre si.

Por fim, a Krispy Kreme deu início a uma arriscada operação de venda no atacado, oferecendo seus produtos em supermercados, lojas de conveniência e quiosques. Como resultado, ela se tornou uma marca onipresente, mas fraca e sem apelo. Seu plano de expansão comprometeu o produto que vendia e a experiência que oferecia aos consumidores.

Com a queda de qualidade, as vendas também despencaram – assim como o valor das ações. Em setembro de 2006, o *The Wall Street Journal* informou que a empresa não conseguiu apresentar um relatório financeiro completo do segundo semestre para as agências reguladoras federais devido a "debilidades materiais" em sua contabilidade.

A responsabilidade pela tragédia cabe aos líderes da empresa. Um deles, Jack McAleer, ex-vice-presidente executivo, parece ter aprendido algo com essa experiência. Em uma palestra que proferiu em Atchison, Kansas, ele disse: "Éramos os queridinhos de Wall Street, da mídia e do público. Tínhamos dinheiro, notoriedade e poder. Era fácil nos deixarmos levar. Começamos a pôr a vocação de lado e a passar mais tempo na empresa do que com nossas famílias. Tudo isso aconteceu sem que percebêssemos. Hoje, posso dizer: não perca de vista o que é importante. Não importa qual seja sua carreira, jamais se afaste de Deus."

Do mesmo modo, a história dos restaurantes Boston Market (antes Boston Chicken) é outro bom exemplo. De 20 lojas no fim da década de 1980, a Boston Market chegou a ter 900 em 1998. Nesse ponto, os custos de manutenção da infraestrutura superaram as vendas e a empresa não conseguiu mais pagar suas contas. Então fechou quase 200 lojas e abriu falência. Em 2000, foi comprada pelo McDonald's, mais interessado em seus imóveis que em sua rede de lanchonetes.

Mas as empresas com franquias não são as únicas a cair em planos de expansão destrutivos. A loja de departamentos May Company, por exemplo, tentou crescer através de uma série de aquisições, mas acabou fracassando e sendo incorporada pela concorrente Federated Department Stores (hoje Macy's).

Em todos esses exemplos, a responsabilidade pelo naufrágio dos planos não foi dos funcionários, mas dos líderes da empresa. Foram eles que embarcaram em sonhos de expansão agressivos com aquisições de risco e expectativas irreais. Planos assim costumam ser um fracasso total, porque, além de não levarem a uma ação conjunta da empresa, fazem o valor de suas ações despencar.

Os fatos falam por si. Em setembro de 2002, a revista *Fast Company* publicou um artigo intitulado "Tamanho não é estratégia". O artigo trazia as 10 maiores fusões de empresas norte-americanas desde 1998 e mostrava sua desvalorização. A primeira da lista era a fusão entre AOL e Time Warner, realizada em 2001. No ano seguinte, os acionistas viram uma queda de 148 milhões de dólares no valor das empresas. Das 10 transações da lista, apenas uma, a fusão entre Travelers e Citicorp, em 1998, gerou valorização. As nove megafusões restantes custaram aos acionistas quase 800 bilhões de dólares.

Embora provavelmente não haja apenas um motivo para que uma empresa fracasse ao tentar se expandir ou para que se desvalorize após uma fusão, *não se manter fiel à visão e à missão originais continua sendo um empecilho ao sucesso duradouro.* Quando isso acontece, as empresas deixam de expressar o que são e as características que as diferenciam das demais. Em vez disso, começam a falar sobre eficiência e sinergia – que, em teoria, não são ruins, mas que também não são o fator primordial à manutenção do sucesso.

O crescimento é bom para qualquer negócio, mas não se for à custa dos valores que definem a empresa. Na United, temos mais de 90 anos de história para nos lembrar diariamente de que somos uma organização criada para servir os outros. É claro que queremos crescer, mas desejamos ainda mais que, durante esse processo, possamos nos manter fiéis à nossa visão – sobretudo depois da experiência dolorosa que tivemos.

Como o atendimento insuperável é a pedra angular da empresa, entendemos que o quadro de funcionários é o maior obstáculo a um crescimento rápido. Uma vez que optamos por ser fiéis à nossa visão e missão, a velocidade com que crescemos agora é estabelecida principalmente por nossa capacidade de recrutar, treinar e manter uma equipe talentosa e que saiba o que significa prestar um atendimento insuperável.

Não é de admirar que a toda hora bancos e investidores nos ofereçam financiamentos para a construção de novas lojas. Por eles, estaríamos aumentando a rede a toda a velocidade, economizando ao distribuir o custo pelas lojas e aumentando os lucros graças à eficiência ganha na operação de mais unidades.

Como somos uma empresa familiar de capital privado, só aceitamos esse tipo de oferta quando avaliamos que abrir uma nova filial não comprometerá nossa visão e missão. Consequentemente, nosso crescimento é muito variável – há anos em que acrescentamos apenas uma loja à rede; em outros, podemos inaugurar cinco unidades. De qualquer forma, todas as lojas que abrirmos refletirão fielmente os princípios sobre os quais a empresa foi fundada.

Em geral, os desafios não são muito diferentes nas empresas de capital aberto. Elas precisam crescer, mas também devem alcançar o nível de desempenho esperado pelos investidores. A Starbucks viveu esse dilema quando Howard Schultz a comprou de seus fundadores.

Como Arthur Thompson e John Gamble descreveram em detalhes no livro *Administração estratégica*, o mais importante no caso da Starbucks foi que nada foi feito da noite para o dia. Foi preciso paciência e perspicácia. E foi necessário que Schultz mostrasse seus princípios e convicções para convencer os investidores a esperar e colher a longo prazo os frutos da força do nome Starbucks, ainda que inicialmente houvesse perdas. Embora seja contraditório falar em investidores pacientes, às vezes a paciência é a única saída. A Starbucks só pôde tirar proveito de sua capacidade de antever o futuro porque seu líder se reuniu pessoalmente com todos os investidores financeiros.

Equilibrar o desejo de crescer e a consciência de que paciência e lealdade à prática de negócios da Starbucks são fundamentais, independentemente das expectativas de investidores e analistas é uma preocupação que Schultz demonstra hoje mas que não é nova.

No início de 2007, em um memorando escrito para sua equipe, ele disse: "Ao longo dos últimos 10 anos, para que a empresa crescesse e se desenvolvesse, passando de menos de mil para mais de 13 mil lojas, tomamos uma série de decisões que, em retrospecto, causaram uma diluição da identidade da Starbucks. Muitas dessas decisões talvez fossem adequadas à época e, por si sós, não teriam causado essa diluição. Mas, nesse caso, infelizmente, a soma das partes é muito maior e muito mais prejudicial do que o todo."

Como o memorando de Schultz assinala, empresas de capital aberto costumam se preocupar demais em satisfazer os investidores, o que faz com que se tornem suas escravas. Sem uma liderança firme e com convicções também firmes, elas começam uma jornada perigosa rumo à ruína moral e ao fracasso.

Não tem de ser assim. *Toda empresa pode crescer mantendo-se fiel aos princípios que deram origem a seu sucesso, só é preciso que sua motivação para crescer seja legítima.* Se o objetivo for apenas o resultado financeiro, a empresa não alcançará o propósito mais elevado de servir e melhorar a vida dos outros – de fazer a diferença.

No mundo dos negócios, existem dois tipos de pessoas: as que geram dinheiro e as que investem dinheiro. As pessoas que geram dinheiro são visionárias e inovadoras. Elas causam impacto na economia na forma de empregos, carreiras e vidas transformadas, assumem riscos e são imprescindíveis. As pessoas que apenas investem, ao contrário, aproveitam as ideias dos outros. Não é de surpreender que sejam muito menos inovadoras.

Investidores participam do jogo. Inovadores são o próprio jogo.

John M. Huntsman é o presidente e fundador da Huntsman Corporation, que tem sede em Salt Lake City, em Utah. Atuando no setor petroquímico, sua companhia era a maior empresa familiar do mundo na virada para o século XXI, com uma receita de 12 bilhões de dólares por ano. Em 2005, Huntsman abriu o capital da empresa, não porque precisasse de dinheiro extra para fazê-la crescer, mas para financiar pesquisas de combate ao câncer – uma doença que ameaçava sua vida.

Huntsman contribuiu com quase 250 milhões de dólares de seu próprio fundo de investimentos para construir um hospital e um instituto de pesquisas do câncer. Juntos, eles são a esperança de milhões de pacientes. Huntsman é um inovador que passou a vida cultivando maneiras de ter um impacto positivo sobre a humanidade.

Hoje o tamanho de uma empresa não garante que ela seja bem-sucedida ao longo do tempo, se é que algum dia garantiu. Eu mesmo, durante os meus quase 50 anos, já testemunhei a ruína de grandes empresas. Lembro-me de, ainda criança, ficar boquiaberto em frente à sede da Woolworth, em Nova York, que chegou a ser a maior rede varejista do mundo e, em 1997, declarou falência.

Sem falar da Texaco, que já foi tão onipresente que seu jingle ficou gravado na minha cabeça. Assim como a Woolworth, a Texaco praticamente desapareceu. Certamente alguém já fez uma lista com outros bons exemplos, mas talvez o mais importante seja perguntar qual será a próxima organização a existir apenas na memória.

Empresas voltadas para as pessoas e orientadas por uma cultura se mantêm fiéis à sua visão e missão, não comprometem o que são e o que fazem devido a pressões externas. Dessa forma, conseguem um crescimento controlado e uma motivação inquestionável para o sucesso. Talvez elas não estejam entre as mais lucrativas ou que mais gerem dividendos para os acionistas, mas proporcionam a eles algo mais valioso, coerente com o ideal de melhorar vidas: um retorno moral pelo investimento feito e uma situação financeira mais saudável.

E isso é bom.

CAIXA PREFERENCIAL

- Empresas voltadas para as pessoas e orientadas por uma cultura crescem por um motivo: melhorar a vida dos outros.
- Os líderes da empresa definem e moldam a vivência que os demais terão.
- Uma empresa deve ser capaz de ditar o ritmo do próprio crescimento se pretende não comprometer sua missão e visão.
- O crescimento é bom para qualquer negócio, mas não se for à custa dos valores que definem a empresa.
- As empresas deveriam crescer sem perder o foco nos princípios que lhes permitiram ser bem-sucedidas inicialmente.
- No mundo dos negócios existem dois tipos de pessoas: as que geram dinheiro e as que investem dinheiro. Entenda a diferença.

CAPÍTULO 8

Quando coisas ruins acontecem (e elas acontecerão)

Em nenhum outro momento a capacidade de uma organização em manter seu patamar de sucesso é mais importante do que quando coisas ruins acontecem. Às vezes o problema é causado internamente e outras vezes o golpe é provocado por forças externas. De qualquer modo, ter um ambiente de trabalho voltado para as pessoas e centrado em uma cultura permite que as organizações perseverem e que os indivíduos reconstruam suas vidas – mesmo quando se trata de uma grande instituição, como o governo de um país, e uma pessoa muito importante, como seu presidente.

Em 17 de junho de 1972, ladrões invadiram uma suíte luxuosa do hotel Watergate, em Washington, numa tentativa de roubar arquivos do Comitê Nacional do Partido Democrata. Em 1973, o então presidente dos Estados Unidos, Richard Nixon, foi acusado de acobertar os envolvidos, o que desencadeou uma série de eventos de grandes consequências para o país.

No começo, Nixon negou qualquer relação com o caso, optando por demitir membros importantes de sua equipe, na esperança de evitar um doloroso processo de impeachment. Por fim, em agosto de 1974, acabou sucumbindo à pressão e renunciando, em um pronunciamento que foi transmitido ao mundo inteiro pela tevê.

Eu tinha 15 anos e, como quase todos os norte-americanos, estava obcecado pelo assunto. Ver o homem que eu considerava o mais poderoso do mundo renunciar e ser processado criminalmente me deixou confuso e decepcionado. O sucessor de Nixon, Gerald Ford, lhe concedeu o perdão, mas Nixon deixou o cargo em desgraça, em meio a um mar de controvérsias.

Para mim, o acontecimento mais interessante de toda essa história se deu poucos minutos antes de Nixon deixar a Casa Branca. Em um discurso improvisado e cheio de emoção feito para os membros do seu gabinete, amigos e funcionários da Casa Branca, Nixon refletiu sobre os eventos que o levaram à ruína. Eu estava muito interessado, imaginando o que ele poderia dizer para acalmar o coração de seus amigos mais próximos e funcionários mais fiéis.

Ele falou pouco, mas disse muito. Agradeceu pela presença das pessoas que se reuniram para lhe dar adeus e pelos serviços prestados por elas. Depois expressou sua esperança de que os eventos envolvendo o escândalo de Watergate não afastassem os jovens da política ou do serviço público e contou uma breve história de perseverança inspirada na vida de Roosevelt, refletindo sobre temas referentes a um propósito mais nobre do que a política.

Enquanto falava, Nixon ficou compreensivelmente emocionado. Ele mencionou seus pais, o exemplo deles e seu amor pela família. Por fim, falou em Deus, humildade, fé e oração.

Desde aquele dia, reli muitas vezes o último discurso de Nixon. Deixando de lado qualquer julgamento político, descobri que aquela fala representava um olhar humilde e destacava duas grandes verdades: as coisas às vezes dão errado nas organizações e a cura individual começa onde termina o orgulho.

Precisar se reestruturar é algo que acontece a qualquer um. Um exemplo de recuperação bem-sucedida está começando a ser reconhecido só agora. Gerald Ford, com sua liderança corajosa para restaurar a confiança do povo no governo, é um assunto que vem sendo discutido por grandes historiadores.

Ford, que era deputado pelo estado de Michigan, foi indicado ao cargo de vice-presidente em 1973, quando Spiro Agnew se declarou culpado de uma acusação de evasão fiscal. No ano seguinte, ele chegaria à Presidência, depois da renúncia de Nixon.

Gerald Ford assumiu o cargo em circunstâncias extraordinariamente difíceis e só agora sua administração começa a ser analisada dentro desse contexto. Muitas das decisões que ele tomou enquanto era presidente foram impopulares, a começar pelo perdão concedido a Nixon. Suas ações, contudo, são importantes lições sobre como se reerguer depois de algo ruim. Sua primeira lição é simples, contudo mais fácil de ser dita do que de ser colocada em prática: *tome decisões com base em princípios, não em popularidade.*

Muitas das atitudes de Ford podem ter lhe custado um segundo mandato, mas foram todas baseadas em princípios e ajudaram a nação a se curar, restaurando a confiança e a sensação de normalidade.

Por exemplo, pensemos nestes três princípios: não permitir que fracassos do passado impeçam sucessos do futuro; preservar a confiança honrando compromissos; defender os direitos inalienáveis de todos os seres humanos. Sozinhos, eles não causam discussão, mas as atitudes que Ford tomou baseado neles nem sempre foram bem recebidas: conceder o perdão a Nixon; adiar a retirada das tropas do Vietnã; tornar-se signatário da ata final da Conferência para Segurança e Cooperação na Europa, reconhecendo a igualdade soberana dos Estados e assumindo um compromisso com a não violação das fronteiras dos países participantes.

A fé pessoal de Ford nos lembra que a espiritualidade pode ter espaço fora do âmbito religioso e expressa a segunda lição a ser aplicada quando as coisas estão ruins: *tome decisões com base em uma perspectiva divina.* Decidir assim promove o altruísmo e, em geral, permite que se faça a coisa certa, ao passo que tomar decisões com base em uma perspectiva secular estimula o egoísmo e normalmente leva as pessoas a fazerem apenas o que lhes é mais conveniente.

Acredito que líderes não podem desatrelar sua espiritualidade dos assuntos do mundo. São questões inseparáveis, ligadas de um modo que molda o caráter e comanda as ações.

Existem inúmeros exemplos históricos de grandes líderes que buscaram orientação divina. Na nota de um dólar, por exemplo, está estampada a frase "In God we trust", ou seja, "Em Deus confiamos". Durante a Guerra Civil americana, Abraham Lincoln escreveu: "Fomos agraciados com a maior das liberdades divinas... Crescemos em quantidade, riqueza e poder como nenhuma outra nação. Mas nos esquecemos de Deus."

Organizações voltadas para as pessoas e orientadas por uma cultura derrotam o orgulho e buscam honrar com humildade as questões espirituais e religiosas. Seus líderes têm recursos para motivar os funcionários a enxergar além do tempo imediato. São faróis de esperança que espalham energia positiva pela empresa. E esta é a terceira lição para os momentos ruins: *os líderes devem irradiar energia positiva pela empresa quando está tudo bem, mas principalmente quando não está.*

Quando as coisas não vão bem, o estoque de determinação da empresa se esgota totalmente se a liderança não estiver preparada para reabastecê-lo. Essa energia positiva é um manancial de esperança e comprometimento com um novo futuro. Líderes não devem jamais sugar a energia de seus funcionários, e sim alimentá-la. Eles são responsáveis pelo gerenciamento das reservas de energia da equipe.

Adversidades sempre ocorrerão. Se for um caso mais sério, é fundamental que você pense bastante a respeito dele antes de conversar com os outros membros da equipe. Permita-se o tempo necessário para processar as informações e os problemas.

Quando discutimos questões delicadas com nossos executivos, costumo lembrá-los de que nossos colegas de trabalho estão nos observando. Eles sabem quando há uma reunião importante e esperam pacientemente para ver nossas expressões faciais e nossa linguagem corporal quando saímos da sala. As notícias voam, o que nos leva à quarta e última lição a ser aplicada quando as coisas não vão bem: *encontre um lugar reservado onde a equipe possa pensar com clareza e liberdade.*

No começo da década de 1990, contratamos uma empresa de consultoria em liderança para nos ajudar a ser mais eficientes. Na primeira reunião, nossa equipe de gerenciamento relutou em deixar o que estava fazendo para ir ao centro de conferências.

Mas o consultor era experiente e conhecia seu público. Ele percebeu que nosso corpo estava lá, mas que nossas cabeças continuavam nos assuntos pendentes no escritório. Então começou fazendo quatro perguntas:

- Você já esteve com alguém que não estava presente?
- Você já esteve com alguém sem estar presente?
- Você já esteve numa reunião sem que ninguém estivesse presente?
- Você já voltou para casa e deixou sua mente no trabalho?

Todos podíamos responder afirmativamente a pelo menos uma daquelas perguntas e elas foram a introdução perfeita para que o consultor nos apresentasse a um conceito que chamava de "Estar aqui agora". A importância de viver no presente não é uma ideia nova, mas resumi-la em apenas três palavras teve forte impacto sobre nós.

Quando coisas ruins acontecem (e elas acontecerão), os líderes precisam de um lugar onde possam conversar, ouvir e se afastar dos assuntos rotineiros de trabalho. "Estar aqui agora" não é algo que se consiga sem esforço – principalmente nesta era de celulares e computadores de mão.

Na United, criamos uma "sala de guerra" onde tratamos de temas importantes. É uma sala isolada e de onde podemos ter acesso a dados precisos de toda a empresa. A mesa hexagonal que usamos foi desenhada especialmente para que todos os participantes se vissem e não houvesse uma "posição de poder", o que permite uma dinâmica impressionante nos debates. É o lugar ideal para tomarmos decisões.

Em organizações voltadas para as pessoas e guiadas por uma cultura, as pessoas se comunicam. O progresso é cultivado por meio de uma compreensão comum de que as soluções nascem do diálogo constante. Quando surgem problemas, o melhor a se fazer é falar sobre eles aberta e honestamente. Ter um propósito mais elevado também pode fortalecer as esperanças.

Em 1989, fui mandado para a Inglaterra, para realizar missões de reconhecimento em aviões U2. Em determinado voo, fui obrigado a pousar sem o auxílio da roda traseira, que controla a aeronave no chão.

Quando o avião tocou o solo, começou a fugir do controle. Apesar de todo o meu esforço, ele saiu da pista, indo em direção a uma torre de concreto. Por sorte, a terra estava molhada e o avião afundou na lama, parando a pouco mais de um metro de distância da torre.

Quando consegui sair do avião, já estava preocupado com o que viria depois. Na Força Aérea, os pilotos são responsáveis por devolver os aviões intactos ao hangar e, quando isso não acontece, são culpados até provarem o contrário.

Fui levado para o hospital rapidamente, onde trataram dos meus ferimentos, que não eram graves. Depois, me encaminharam para uma consulta com um psicólogo. No final, tive de conversar com vários oficiais de segurança sobre os eventos que antecederam o acidente.

Fui posto de licença administrativa até que se descobrissem as causas do acidente. O processo todo demorou cerca de uma semana e tive tempo de sobra para reavaliar minha carreira e calcular o que aconteceria se fosse considerado culpado.

Depois que descobriram a falha de manutenção no trem de pouso, fui reintegrado ao meu esquadrão, mas durante o tempo em que meu futuro ficou incerto me apeguei às coisas que realmente importam e que não se abalam diante dos problemas: a fé e a família.

Albert Einstein certa vez escreveu: "Em meio a toda dificuldade existe uma oportunidade." Nem sempre enxergamos as oportunidades de início; às vezes precisamos de ajuda. De qualquer modo, aproveitá-las depende apenas de nós. Podemos escolher o modo como os problemas nos influenciam. Não acredito que tenhamos sido criados para apenas aguentar a vida, mas para abraçá-la e aproveitá-la ao máximo. Sabemos que é possível vencer apesar das adversidades. Henry Ford faliu cinco vezes antes de alcançar o sucesso e Beethoven não deixou que a surdez o impedisse de compor.

Há alguns anos, a United abriu um processo contra uma empresa que estava usando o nome Market Street, que pertence à nossa rede, para vender um projeto imobiliário no qual um supermercado era a loja âncora. Quando o assunto chegou a nosso conhecimento, enviamos uma notificação extrajudicial à empresa. Como resposta, recebemos um enorme documento que alegava que o nome era apenas parte do empreendimento e que não tinha ligação direta com o supermercado.

À medida que os meses passavam, os gastos com advogados aumentavam, sem que nenhum dos dois lados se mostrasse disposto a ceder. Por fim, nosso advogado me ligou para dizer que provavelmente teríamos de levar o caso à Justiça, o que custaria mais de 1 milhão de dólares. Ele concluiu dizendo que a United tinha uma boa chance de vencer.

Para tentar evitar a disputa judicial, convoquei uma reunião com a empresa que estava usando nossa marca. Fui acompanhado de nosso advogado e, quando entrei na sala, vi que lá estavam o presidente da outra empresa e mais cinco advogados, todos conhecidos pelo alto valor de seus salários.

Com toda aquela tropa, a reunião tinha tudo para ser improdutiva e um desperdício de dinheiro. Então fiz algo diferente: convidei o presidente da empresa para sairmos e darmos uma volta. Seus advogados se opuseram veementemente, mas por sorte ele concordou com a ideia de que talvez um passeio fosse útil. A caminhada acabou se transformando em um almoço e na oportunidade de resolvermos nossas diferenças. Ao retornar à sala cheia de advogados, tínhamos fechado um acordo e uma parceria. Quando as coisas vão mal, uma boa opção é encarar o adversário e buscar uma solução que satisfaça a todos.

Esses e muitos outros exemplos nos lembram de que o espírito humano é um recurso extraordinariamente poderoso. Empresas orientadas por uma cultura valorizam isso em sua equipe. Sim, coisas ruins acontecem de vez em quando, mas levantar e sacudir a poeira nos deixa mais fortes e nos dá esperanças para o amanhã. Pense nestas palavras de um poeta anônimo:

> Olhando para trás, me parece
> Que toda a inevitável dor
> Me deixou, quando chegou ao fim,
> Mais feliz do que jamais fui.

CAIXA PREFERENCIAL

- Precisar se reestruturar é algo que acontece a qualquer organização.
- Tome decisões com base em princípios, não em popularidade.
- Tome decisões com base em uma perspectiva divina.
- Líderes devem irradiar energia positiva pela empresa.
- Encontre um lugar reservado onde a equipe possa pensar com clareza e liberdade.
- Toda adversidade traz oportunidades, mas é preciso estar atento a elas.
- A cura começa onde o orgulho termina.

PARTE III

O intangível gera o tangível

CAPÍTULO 9

Pessoas, não lucros

Ter histórias para contar é importante para uma empresa, porque elas criam um elo, a noção de se pertencer a uma comunidade e, nos melhores casos, difundem um ideal. Gosto de pensar na United desse modo, porque nossa empresa é um organismo vivo com uma devoção comum. Uma das minhas histórias preferidas envolve Keith Bradley, que na época era um gerente de loja com anos de experiência.

Dizem que certa vez uma cliente chegou à loja de Keith no fim da tarde reclamando que havíamos lhe vendido um presunto vencido. A cliente estava irritada e aumentou o tom de voz, exigindo que o problema fosse resolvido imediatamente.

– Minhas visitas estão lá em casa, esperando para comer, e este presunto não está bom – reclamou.

Keith pediu desculpas e olhou para o presunto vencido. Foi então que percebeu algo interessante.

O presunto que a cliente tinha em mãos não havia sido comprado na United – era um produto vendido por um concorrente na mesma rua.

– Senhora, nós não vendemos esta marca de presunto na United – explicou-lhe Keith, apontando para a logomarca do concorrente na embalagem. – Mas sei que a senhora está chateada, então vamos até o setor de frios para que escolha um presunto de que goste. Não precisa pagar.

A mulher ficou muito envergonhada.

– Mil desculpas – disse, enquanto caminhava com Keith até o setor de frios. – Eu estava atrasada preparando o jantar e pedi ao meu marido para comprar o presunto quando voltasse do trabalho. Não imaginei que ele tivesse ido a outro supermercado.

A mulher pegou o presunto que serviria às visitas e voltou para casa, envergonhada pelo mal-entendido mas feliz.

Essa história não é sobre um presunto vencido, mas sobre um gerente de supermercado atento mais às pessoas do que aos lucros. Nós perdemos um pouco de presunto naquele dia, mas ganhamos a confiança da cliente por toda a vida. E o mais importante: a mulher se tornou uma defensora da United – uma extensão do nosso departamento de marketing.

Não temos um manual de treinamento ou diretrizes que digam: "Se alguém chegar à loja com um presunto vencido comprado na concorrência, troque-o sem cobrar nada." Keith tomou uma decisão acertada porque entendeu a visão, a missão e o compromisso com o sucesso da empresa a longo prazo. Em outras palavras, ele entendeu nossa visão de servir os outros, nosso compromisso de prestar um atendimento insuperável e nosso desejo de investir hoje na construção de um relacionamento duradouro com o cliente.

Vale notar que Keith Bradley nunca contou essa história – foram seus colegas de equipe que a espalharam. Na verdade, ele dava de ombros e dizia que só se lembrava dela vagamente, como se fosse algo que qualquer um fizesse todos os dias. Posso até acreditar nele, mas não posso deixar de dizer que suas atitudes representam um modelo a ser seguido por nossa organização – um comportamento digno de ser imitado, porque expressa o que acontece quando os membros da equipe vivenciam a visão e a missão da empresa.

Neste exemplo, a atenção primordial dada à pessoa, em vez de aos lucros, acabou se mostrando muito lucrativa a longo prazo. O mais importante é que a história ressalta o que acontece quando uma empresa voltada para as pessoas e orientada por uma cultura permite que seus funcionários tomem decisões de acordo com seu bom senso.

Recentemente, a United se reestruturou para poder atender melhor às necessidades dos clientes. As lojas da rede foram separadas em três segmentos: especializadas, internacionais e tradicionais. Essa nova organização nos permitiu focar no potencial de cada loja. Para aproveitá-lo ao máximo, o primeiro passo foi selecionar o tipo de líder que cada segmento exigia.

As lojas maiores, por exemplo, em geral têm mais de 450 funcionários, enquanto as menores costumam ter menos de 150. Numa loja de grande porte, o gerente precisa ser alguém com vasto conhecimento e que deve dedicar mais tempo a construir relações entre as pessoas e a formar uma equipe. Nas lojas de pequeno porte, o gerente costuma se envolver mais diretamente no trabalho, se dedicando a tarefas específicas. Depois que passamos a abordar o negócio com esse nível de atenção, nosso desempenho aumentou exponencialmente em todos os segmentos.

As experiências que temos na vida e os relacionamentos que construímos moldam nossa forma de pensar. Sem dúvida, a importância que dou às pessoas se deve a três lembranças muito presentes em minha mente. Sou grato por duas delas estarem definitivamente no passado. Sobre a terceira, ainda reflito todos os dias. Foi inspiradora.

A primeira experiência marcante ocorreu durante a Guerra do Golfo. No dia 2 de agosto de 1990, o Iraque invadiu o Kuwait. Embora minha esposa e eu estivéssemos esperando o nascimento do nosso segundo filho para dali a menos de 90 dias, fui convocado para me juntar a outros pilotos de aviões U2, num esquadrão de reconhecimento com base na Arábia Saudita.

Durante mais de quatro meses, fizemos voos de reconhecimento ininterruptos. A situação só piorava e a diplomacia não parecia estar funcionando. Em janeiro de 1991, os Estados Unidos declararam guerra ao Iraque. Em fevereiro, as tropas iraquianas recuaram para Bagdá. A estrada de Basra era só morte e destruição.

Eu estava em missão sobrevoando Basra naquele mês, captando imagens para o pelotão em terra. Acompanhei, por horas, uma batalha feroz entre os soldados da 24ª Divisão de Infantaria Mecanizada e a Guarda Nacional Republicana do Iraque. Pude ver as explosões em detalhes, uma atrás da outra. Mais de 500 veículos e 23 tanques foram destruídos e inúmeras vidas, perdidas. A 24ª Divisão saiu vitoriosa.

Essa experiência me deu duas convicções: a primeira é que, ao contrário do que mostravam os filmes aos quais cresci assistindo, a guerra é uma coisa horrível. A segunda é que as pessoas são importantes; a vida é o bem mais precioso. Independentemente de que lado estavam, os soldados mortos naquele dia eram seres humanos como cada um de nós.

A segunda experiência marcante ocorreu enquanto eu servia como piloto de reconhecimento meteorológico no Pacífico Sul. Uma das coisas de que eu mais gostava no trabalho era jogar suprimentos para as pessoas que viviam em ilhas remotas da Micronésia. Todos os anos, nós recolhíamos roupas, ferramentas e instrumentos de pesca e os lançávamos nas praias, dentro de caixas presas a paraquedas, durante voos rasantes.

Às vezes, quando não estávamos voando, íamos em barcos de pesca visitar os ilhéus e aproveitar que eles conheciam os melhores recifes para a prática de mergulho. Fizemos grandes amizades e acabamos percebendo que, apesar do estilo de vida diferente, aquelas pessoas eram iguais a nós, com famílias, casas e responsabilidades.

Em agosto de 1984, eu fazia parte da equipe de reconhecimento meteorológico encarregada de observar o tufão Ike, que tinha ventos de até 230 km/h. Em uma missão em particular, a tripulação testemunhou o poder da Mãe Natureza quando enormes ondas engoliram muitos dos vilarejos de nossos amigos micronésios, deixando um rastro de destruição que ainda hoje é uma lembrança dolorosa. O tufão Ike matou milhares de pessoas e deixou quase 500 mil desabrigadas.

Essa segunda experiência, assim como a primeira, criou em mim duas convicções. Primeiro: a força da natureza está além da nossa compreensão. O tufão Ike, assim como o furacão Katrina, permitiu que eu entendesse melhor os desastres naturais e o horror que eles podem causar. Segundo: as pessoas são importantes; a vida é o bem mais precioso. Os ilhéus mortos durante a passagem do tufão Ike eram seres humanos como cada um de nós.

A terceira experiência ocorreu durante o breve período em que me juntei à equipe que garantia a segurança dos aeroportos em que o avião presidencial, Air Force One, pousava. Nesse trabalho, o mais valioso para mim foi observar a compaixão do presidente George H. W. Bush, o Bush pai.

Em suas viagens pelo país, sempre que possível ele agradecia as pessoas – cidadãos comuns – pelo que faziam por suas comunidades, o que podia envolver a construção de um parquinho para crianças com necessidades especiais ou mesmo o trabalho voluntário em uma biblioteca.

Bush descia de seu avião e caminhava em direção às pessoas. Ele as chamava pelo nome e lhes agradecia por seu trabalho, às vezes citando fatos específicos – o que deixava todos maravilhados.

Essa terceira experiência, assim como as duas anteriores, criou em mim duas convicções. Primeiro: por mais que alguém tenha poder, não deixa de ser humano. Segundo: as pessoas são importantes; a vida é o bem mais precioso.

Bush certa vez disse: "O poder que recebemos não se destina a realizar nossos próprios objetivos, nem a fazer um grande espetáculo no mundo, nem a exaltar nosso nome. Só existe uma função para o poder: é servir às pessoas." Que frase maravilhosa para um líder – principalmente quando se busca criar uma organização voltada para as pessoas, orientada por uma cultura e preocupada com o próprio futuro e o da comunidade.

No mundo atual, é comum que não se dê o devido valor ao ser humano. Não devíamos precisar de guerras e desastres naturais para nos lembrar de quanto a vida é sagrada.

Em nossa era da informação, podemos usar os dados disponíveis para aumentar as vendas e o lucro por consumidor e até mesmo para identificar negócios não lucrativos que precisam ser abandonados. Nessa preocupação por maximizar o desempenho, muitas vezes esquecemos que o que realmente importa são as pessoas.

No ramo de supermercados, há um mundo de inclusão possível. Todos precisam de comida para sobreviver e, a cada dia, quando abrimos as portas, pessoas de diversas classes sociais e profissões entram nas lojas. Independentemente de sua origem, são todos seres humanos, dignos de respeito e de serem bem tratados.

Quando perguntam minha opinião sobre os clientes que vão a nossas lojas apenas para comprar os itens em promoção, reflito sobre as experiências marcantes que tive e sobre o propósito mais elevado da vida. O modo como penso é reflexo das coisas por que passei ao longo do caminho. É possível que nosso lucro diminua ao vendermos só o que está em promoção, mas, por outro lado, estaremos atendendo às necessidades desses consumidores e, assim, realizando nossa visão de servir e melhorar a vida dos outros. Isso faz com que o investimento valha a pena.

Ater-se mais às pessoas que aos lucros ajuda as empresas a perceberem as qualidades únicas dos seres humanos. No caso da United, isso ajudou nossa equipe a reconhecer a necessidade de ampliar horizontes. Assim, há alguns anos, criamos um programa voluntário no qual os membros da equipe se envolvem em suas comunidades, contribuindo com algo para seus vizinhos e reforçando as relações entre os colegas de trabalho.

Os funcionários de cada loja conduzem aproximadamente seis atividades voluntárias por ano, que podem beneficiar qualquer instituição de caridade ou religiosa. Os grupos executam tarefas como auxiliar na construção de casas, distribuir comida aos necessitados, arrecadar fundos para instituições de caridade, limpar estradas e bairros e ajudar em escolas.

Esse projeto ajudou a United a ser a primeira empresa a receber, em 2003, o prêmio por serviços comunitários oferecido pela *Supermarket News*, a principal publicação direcionada à indústria de supermercados. Menciono o prêmio não para me vangloriar, e sim para lembrar aos líderes de empresas voltadas para as pessoas e norteadas por uma cultura que é importante criar oportunidades para que os membros da equipe exerçam um impacto positivo em suas comunidades.

Em épocas de abundância, quando os lucros da empresa estão em alta, é comum os líderes se comprometerem financeiramente com projetos sociais, o que promove uma ligação entre empresa e comunidade. Mas o que acontece em tempos difíceis? Em geral, quando as metas de vendas não são alcançadas, os projetos sociais são esquecidos, passando a ser vistos como uma despesa desnecessária.

Criou-se uma cultura que sugere que os líderes devam dar atenção somente ao que acontece à equipe durante o expediente, ignorando qualquer fato que ocorra fora do trabalho. Um bom líder reconhece que precisa levar em conta todos os fatores e considerar a vida dos membros da equipe integralmente, tanto no trabalho quanto fora dele.

Quando um funcionário com mais de 30 anos de empresa teve câncer, conversamos com ele e, juntos, decidimos que ele não pararia de trabalhar. Sem dúvida a doença afetaria seu rendimento, mas queríamos lhe oferecer uma opção que fosse benéfica para sua família e lhe permitisse continuar produtivo. Se tivéssemos apenas deixado as coisas seguirem o curso natural, nosso funcionário teria sido mandado para casa com um benefício do governo e menos qualidade de vida. Ele merecia mais que isso em seus últimos dias.

Para conseguirmos manter essa abordagem, limitamos a 10 a quantidade de lojas e a oito a de pessoas pelas quais os supervisores são responsáveis. Isso vai contra a tendência das grandes redes, em que não é difícil encontrar um supervisor responsável por 30 a 200 lojas. Mas quando você tem um número adequado de lojas ou pessoas para supervisionar, sente que está realmente exercendo um impacto, que está fazendo a diferença.

Fazer a diferença para alguém requer tempo e energia, porque cada um de nós tem sua vida, suas experiências e suas próprias necessidades, mesmo convivendo diariamente no trabalho. Lembre-se: *as pessoas são sempre mais importantes do que o processo.*

Em empresas voltadas para as pessoas e orientadas por uma cultura, os funcionários entram na conta dos ativos, não na das despesas. Organizações assim se mantêm no compromisso de pôr as pessoas acima dos lucros e, em contrapartida, seus funcionários encontram maneiras de gerar os ganhos necessários para garantir não só a sobrevivência imediata da organização, mas seu sucesso a longo prazo. Essas são iniciativas dignas de serem lembradas, uma mentalidade que vale a pena cultivar, porque demonstra a verdade: o intangível gera o tangível.

CAIXA PREFERENCIAL

- Permita que os membros de sua equipe tomem as próprias decisões com base na visão, na missão e no compromisso com o futuro da empresa.
- Ater-se às pessoas em vez de aos lucros acaba se revelando uma estratégia lucrativa a longo prazo.
- Independentemente de quem sejam e de onde vivam, as pessoas são importantes. A vida é o bem mais precioso.
- Pessoas comuns são capazes de feitos extraordinários.
- Prestar atenção às pessoas permite perceber suas qualidades e contribuições únicas como seres humanos.

CAPÍTULO 10

Tomando decisões: mais do que uma planilha

Em meados da década de 1990, abrimos uma loja em Amarillo, no Texas. Na época, a loja dispunha da mais alta tecnologia. A padaria, por exemplo, era nossa menina dos olhos. Tínhamos expectativas enormes e pensávamos que ela seria um diferencial em termos de produtos frescos e de qualidade – o que era importante para a clientela.

Como muitos varejistas, tomamos a decisão de construir a loja levando em conta principalmente dados fornecidos pelo mercado: tendências de crescimento e do poder de consumo da região, gasto semanal por pessoa em alimentos, interesse despertado pela loja. Na época, nosso departamento de marketing ainda estava engatinhando.

Na verdade, tínhamos três funcionários em tempo integral e um ou dois estagiários em meio período. A equipe dedicava praticamente todo o tempo a criar anúncios, não a elaborar estratégias de vendas. Como resultado, a decisão de abrir uma nova loja era tomada com base em planilhas. No caso da loja de Amarillo, os números justificavam que a abríssemos.

Nas semanas que se seguiram à inauguração, nossos líderes estudaram os relatórios financeiros da loja e perceberam que, apesar de seu bom desempenho como um todo, a padaria não estava alcançando os números que havíamos projetado. Em nossos escritórios, a quase 200 quilômetros de Amarillo, sentíamos que estávamos deixando algo escapar. O diretor responsável por nossas padarias começou a ser questionado e, por sua vez, questionou o gerente do setor da loja nova para tentar descobrir o que estaria causando aqueles resultados.

No início, pensamos que talvez se tratasse de falta de qualidade dos produtos, mas as receitas e o modo de preparo eram os mesmos usados em toda a rede. Depois, equivocadamente, achamos que seria necessário substituir o gerente daquela padaria. As vendas continuaram as mesmas. Frustrados e confusos, formamos uma comissão para investigar a fundo o problema.

Então resolvemos passar uma semana em Amarillo. Entrevistamos consumidores e observamos o movimento diário. Três dias depois de mergulharmos na rotina da loja, fizemos uma descoberta: boa parte dos compradores era de famílias com filhos adultos que não moravam mais com os pais. O problema não era a qualidade de nossos produtos, nem a eficiência de nossa liderança. Era o tamanho de nossas embalagens.

Depois que os filhos saem de casa, os pais não têm por que comprar pacotes inteiros de rosquinhas, nem se interessam por nada que seja vendido em grandes porções. Eles precisam de pouco. Observando o departamento de carnes, pudemos comprovar nossa descoberta: as embalagens maiores também não estavam tendo boa saída.

Imediatamente alteramos o tamanho das embalagens. Bingo! As vendas de rosquinhas, pães e outros produtos da padaria aumentaram e o desempenho da loja melhorou.

Como eu era diretor de marketing na época, fiquei me sentindo mal com o que havia acontecido. Percebi que nosso processo de tomada de decisões era ineficiente. Então, trabalhando com minha equipe, criamos um novo modelo, que teria evitado o fiasco na padaria da nossa loja de Amarillo.

Ele consiste em três grupos de informação. O primeiro representa as informações obtidas diretamente dos consumidores, o que os compradores de nossos produtos e serviços pensam. O segundo contém informações dadas por nossos vendedores – a intuição e o conhecimento de profissionais experientes. O terceiro traz informações práticas, dados relativos ao nosso desempenho real.

Já é difícil tomar decisões empresariais quando temos dados dos três grupos, mas usar informações de somente um deles, seja qual for, é problemático. *Para chegar a soluções satisfatórias, é preciso usar um método equilibrado.*

Os dados de cada grupo permitem que o líder dê um passo a mais em direção a uma posição e a um rumo estabelecidos com segurança. Usar apenas uma fonte de dados pode gerar orientações imprecisas, mas, quando se tem uma segunda fonte e, melhor ainda, uma terceira, a margem de erro diminui consideravelmente.

No caso do primeiro grupo de dados, a informação fornecida pelo consumidor é valiosa, mas só no campo das emoções. Imagine se uma rede de supermercados tentasse manter em estoque cada item procurado pelos clientes durante um dia, um mês ou um ano. Mesmo que todos os fornecedores pudessem ser contatados on-line, o espaço necessário para comportar um estoque assim seria absurdo e a quantidade de produtos perecíveis desperdiçados inviabilizaria a operação por causa dos custos.

A verdade é que os consumidores poderiam até levar a empresa à falência. Um cliente que queira um pote de um molho especial para um prato que esteja preparando não para e pensa que os molhos são vendidos ao supermercado não individualmente, e sim no atacado. Ele está mais do que disposto a comprar uma lata, mas o restante da caixa não é problema dele. Assim, não leve a resposta dos consumidores ao pé da letra, porque ela reflete sua emoção, não a razão – e a emoção pode trazer informações úteis, mas tende a distorcer um pouco a realidade.

O segundo grupo de informações também tem seus pontos fracos. A intuição do vendedor nos dá algumas ideias imediatas, mas também expressa uma visão baseada nos sentidos. A razão exerce pouca influência na intuição de um vendedor. Ao contrário, os vendedores contam com impressões emotivas em vez de um raciocínio objetivo.

Por exemplo, os supermercados, além de oferecerem seus próprios produtos, também põem à venda os de parceiros: livros, jornais, revistas e cartões, entre outras coisas. Os lucros dessas vendas são divididos entre o supermercado e o parceiro, de acordo com um contrato, o que é bom para ambas as partes. Da mesma forma, algumas empresas mantêm promotores de vendas dentro do supermercado. Eles cuidam para que as prateleiras estejam sempre abastecidas, o que libera os funcionários da loja para outras tarefas.

Quando precisam de espaço na loja, alguns gerentes podem sugerir a eliminação ou redução dessas parcerias. Sua intuição lhes diz que determinado produto não vende, porque a gôndola está sempre cheia. Em outras palavras, como nem o gerente nem sua equipe precisam reabastecer as gôndolas, a impressão que ele tem é de que elas nunca são esvaziadas. Por causa disso, ele se torna suscetível ao erro de avaliar que um produto não está tendo boa aceitação, quando na verdade pode estar vendendo muito bem.

Assim como um piloto se arrisca ao tentar voar sem instrumentos que lhe deem informações precisas, apoiar-se exclusivamente numa sensação é pôr-se em risco sem necessidade. Quando o piloto do avião não toma as devidas precauções, são grandes as chances de se acidentar. Da mesma forma, quando um líder toma decisões baseadas somente em sua intuição, aumenta suas possibilidades de fracassar.

O terceiro grupo contém informações práticas – dados precisos, sólidos e factuais. Mas até mesmo dados empíricos podem levar ao erro. A partir de meados da década de 1990, por exemplo, virou moda as empresas oferecerem um cartão de fidelidade, com o qual os clientes recebiam descontos e outros benefícios.

A teoria era simples. Usando os dados pessoais do cliente, o lojista rastrearia seus hábitos de consumo e, depois, faria promoções sob medida para ele, veiculadas de um modo específico. O lojista saberia quem eram seus melhores clientes e, em troca, eles teriam ofertas adequadas a suas necessidades. Quem gostasse de Coca-Cola não receberia anúncios da Pepsi e vice-versa. Parecia uma iniciativa lógica.

O que ninguém levou realmente em consideração na época foi a incrível quantidade de informação contida em apenas um relatório de vendas de uma única loja, num único dia. Em muitos supermercados, isso representa papel o bastante para encher uma sala de reuniões do chão ao teto. O fato é que as empresas estão inundadas por números, o que nos mostra o ponto fraco a respeito dos dados: sem o processamento preciso, é impossível usá-los adequadamente.

E, em nossa era de alta tecnologia, ainda é possível que informações sejam mal processadas? Infelizmente, a resposta é sim. A Home Depot, rede de materiais de construção e produtos para o lar, por exemplo, anunciou, no fim de 2006, que um erro contábil cometido ao longo de 26 anos havia resultado em quase 200 milhões de dólares em despesas não registradas. Há vários outros casos semelhantes.

O enorme desafio de se decifrar os relatórios hoje em dia pode fazer com que os dados práticos pareçam mais teóricos do que úteis. Lembro-me de um professor que dizia que contabilidade era mais arte do que ciência. Os alunos morriam de rir, porque sua primeira resposta a praticamente qualquer questão contábil era "Depende". Apesar da graça, era uma resposta sincera. *O fato é que os relatórios numéricos, embora úteis, em geral não bastam para que se tome uma decisão segura.*

É preciso equilíbrio. O modelo dos três grupos de informação é uma ferramenta rápida para a tomada de decisões, capaz de criar o hábito de explorar os fatos antes de expressar sua opinião.

Uma variável que costuma complicar o assunto é o tempo – mais especificamente, a falta dele. Para ajudar líderes a entenderem melhor o processo de tomada de decisões, muitas das melhores escolas de administração dos Estados Unidos utilizam uma dinâmica de grupo. Nela, os participantes recebem cargos aleatórios em empresas imaginárias. Cada equipe é avaliada com base no número de problemas abordados, entre mais de 50, dentro de um determinado tempo. A equipe que identificar o maior número de problemas e tomar as melhores decisões vence.

Depois dessa dinâmica, geralmente as pessoas percebem duas coisas. Primeiro, que o estresse (causado pela restrição de tempo) atrapalha a comunicação do grupo e impede que se utilizem as informações mais importantes. Segundo, que, quanto mais afastado um líder fica de sua equipe, menos ele sabe a respeito dos problemas.

A maioria das equipes não consegue identificar nem metade dos problemas mais relevantes e, dos identificados, os líderes são informados de apenas uma pequena porcentagem. O que torna a dinâmica uma ótima ferramenta de ensino é que os participantes recebem os dados necessários para identificar os problemas antes do início dela. O fracasso em cumpri-la satisfatoriamente é causado pelo tempo curto e pela falta de comunicação.

Quando participei dessa dinâmica, nossa equipe foi vencedora, apesar de termos identificado apenas 65% dos problemas. Destes, só 27% chegaram ao conhecimento do que seria o "presidente" da empresa. Essa falha na comunicação me impressionou.

Assim, os responsáveis por tomar decisões devem levar em conta essas três lições. Primeiro, eles precisam ter mais de uma fonte de dados antes de formarem uma opinião. Na dúvida sobre o grupo de informações em que se deve confiar, os dados práticos precisam ser a primeira opção, porque não sofrem influência das emoções. *Mas é importante que as decisões sejam tomadas com um equilíbrio entre dados subjetivos e objetivos.*

Segundo, é importante reconhecer que a falta de tempo gera estresse, que por sua vez prejudica a comunicação entre quem sabe dos problemas e quem tem autoridade para tomar decisões. Um planejamento antecipado pode fazer com que muitas decisões críticas, necessárias em casos de emergência, sejam tomadas com mais calma.

Planos de contingência e de continuidade, assim como treinamentos para o caso de catástrofes, por exemplo, podem aliviar muito do estresse causado pela falta de tempo. Na verdade, a maioria dos problemas não requer uma decisão imediata, ainda que os líderes estejam convencidos de que precisam reagir instantaneamente. Um pouco de paciência pode gerar bons dividendos.

Por fim, quem é responsável por tomar decisões deve lembrar que, quanto mais distante estiver dos membros de sua equipe, mais seletivos eles serão ao lhe repassar informações. Quem sabe o que está dando certo ou não são as pessoas que ficam na linha de frente todos os dias. Manter contato com os funcionários e com os consumidores garante um fluxo de informação que, de outro modo, certamente não ocorreria. Quando ouvimos com atenção o que as pessoas têm a dizer, passamos a entendê-las melhor, o que aumenta nossa capacidade de tomar boas decisões.

Pouco depois de me tornar presidente da United, em 2004, nossa equipe instituiu a "reunião-relâmpago", uma conferência semanal via telefone entre o grupo sênior de supervisores de campo e a equipe de administração do centro de apoio às lojas. A reunião ocorre sempre às terças-feiras, às 7h30 da manhã, em ponto. O bom disso é que os líderes têm a chance de se sentar e ouvir. Aprendemos muita coisa assim.

Também temos a oportunidade de perceber as inflexões de voz das pessoas que estão com a mão na massa – os indivíduos maravilhosos e indispensáveis que interagem com o consumidor. Do mesmo modo que a famosa reunião de sábado de manhã do Walmart ajudou a "enxugar" sua rede e permitiu manter a boa comunicação entre as lojas, a "reunião-relâmpago" mudou a nossa empresa.

Antes de haver essa conferência por telefone, podíamos receber um e-mail informando que uma loja ficou sem energia elétrica por meia hora ou que uma caixa registradora quebrou três vezes na mesma semana e mesmo assim não dar a devida atenção à magnitude desses problemas. Do nosso ponto de vista, eles pareciam desimportantes. Do ponto de vista de um gerente de loja ou de um operador de caixa, contudo, eram questões muito relevantes. É inaceitável que uma loja inteira fique sem energia ou que a registradora fique fora de operação durante trinta minutos numa tarde de sexta-feira, principalmente se você tiver o azar de estar na fila na hora errada.

Depois que começamos as conferências por telefone, não se foge mais à realidade; todos na sala ouvem em primeira mão o sofrimento e a frustração do supervisor de campo. A reunião semanal estabeleceu algo que os líderes de grandes empresas raramente têm: contato direto com o campo de batalha. Podemos sentir o sofrimento e a alegria do pessoal na linha de frente.

Agora que já usamos a reunião-relâmpago há alguns anos, nossos líderes demonstram um senso de urgência diferente. Aprendemos a ouvir com mais eficiência. Consequentemente, as decisões que tomamos também melhoraram. Estamos longe da perfeição e às vezes informações relevantes não chegam até nós, mas sentimos que melhoramos a cada dia.

Tomar decisões exige muito mais do que relatórios. É um desafio da liderança e requer uma abordagem equilibrada – uma diretriz para se planejarem as etapas seguintes. Quando uma empresa é voltada para as pessoas e orientada por uma cultura, cria um ambiente em que o líder ouve os membros da equipe que estão na linha de frente e remove os obstáculos a que se estabeleça um canal de comunicação aberto e confiável.

CAIXA PREFERENCIAL

- Às vezes o problema está no método, não nas pessoas.
- Antes de tomar qualquer decisão, os líderes precisam ter mais de uma fonte de dados.
- Analise os fatos e dê a si mesmo tempo de compreendê-los antes de formar uma opinião.
- A paciência deve ser a maior aliada de um líder quando a situação exigir decisões difíceis.
- Planejamento e atenção aos detalhes diminuem o impacto do estresse sobre a comunicação.
- Ouvir os membros da equipe que estão na linha de frente é imprescindível.

CAPÍTULO 11

Os quatro pês do gerenciamento

Galen Walters está entre os grandes mentores que tive na vida. Ele é fundador e presidente da adplex, uma empresa que tem sede em Houston, no Texas. Desde nosso primeiro encontro, em 1995, ficou claro que trabalharíamos juntos. Nós temos a mesma crença religiosa, concordamos nos assuntos mais importantes do mundo corporativo e compartilhamos a necessidade de melhorar a vida dos outros.

A vida de Galen daria um filme de Hollywood. Com uma infância marcada pela pobreza, ele não tinha qualquer interesse pelo ensino tradicional. A escola o entediava e ele às vezes se pegava fazendo rabiscos sem sentido durante as aulas. Com o passar do tempo, descobriu que tinha talento para desenho.

Depois de concluir o ensino médio, Galen entrou para um curso superior em artes, ao mesmo tempo que trabalhava para a rede de supermercados Safeway. Depois de se formar, foi transferido para o departamento de publicidade, como diagramador. Ficou lá por mais sete anos e chegou ao cargo de supervisor publicitário, mas deixou a Safeway quando foi aceito no Corpo de Bombeiros de Houston.

Em 1981, enquanto combatia incêndios, Galen abriu sua própria empresa, especializada em folhetos publicitários. A Safeway se tornou sua maior cliente. Ele criava e imprimia milhões de folhetos para ela todas as semanas. Com o tempo, outras redes de supermercado se tornaram clientes e sua empresa cresceu rapidamente, tornando-se um empreendimento multimilionário. Ele ficou rico, mas nunca perdeu a humildade. Boa parte do dinheiro que ganhou foi doada para igrejas e amigos necessitados.

Em meados da década de 1990, Galen estava em busca de um modo mais fácil de gerenciar sua empresa. Ele leu vários livros sobre gerenciamento e pôs em prática diversas soluções possíveis, mas nada parecia dar resultado. Toda vez que sua equipe implementava uma solução para determinado problema em uma área, outros setores eram prejudicados.

Galen sempre valorizou os seres humanos. Acima de tudo, reconhecia a importância de seus funcionários. Também tinha grande consideração pelas pessoas de fora da empresa – fornecedores, banqueiros e clientes. Ele focava o desempenho, mas também tinha consciência de sua relação direta com a eficiência dos processos.

Em 1995, Galen Walters desenvolveu um novo modo de gerenciar sua empresa. Ele o chamou de "Os Quatro Pês do Gerenciamento". O sistema orientava os gerentes a resolver com o mesmo interesse os problemas relacionados às pessoas, ao processo, aos parceiros e à performance.

A ideia deu certo e permitiu que Galen explorasse novas oportunidades de diversificar sua empresa, melhorando os serviços de marketing com foco no desenvolvimento de programas de computador, gerenciamento de conteúdo e automatização do processo de criação publicitária. Hoje, além de imprimir anúncios para as redes de supermercados de todos os Estados Unidos, sua empresa ajuda no gerenciamento do conteúdo digital de algumas das organizações mais conhecidas do país, como Hewlett-Packard e American Airlines, entre outras.

Quando assumi as empresas de imagem de Galen Walters, em 1997, os quatro pês ainda estavam abrindo caminho para o crescimento. Trabalhando em equipe, os executivos da adplex aperfeiçoaram os quatro pês para aumentar sua eficiência. Adquirimos várias empresas num período relativamente curto e, ao abordarmos todas as aquisições sob a mesma perspectiva (dando atenção às pessoas, ao processo, aos parceiros e à performance), o planejamento cuidadoso ficou mais fácil.

O passo inicial para entender os quatro pês é observar que o gerenciamento começa e termina com seres humanos – pessoas e parceiros. O que acontece no meio disso é uma questão de matéria-prima e produto (processo), e o que acontece depois é reflexo dos resultados (performance). Em outras palavras, a ordem de cada um dos quatro pês faz diferença.

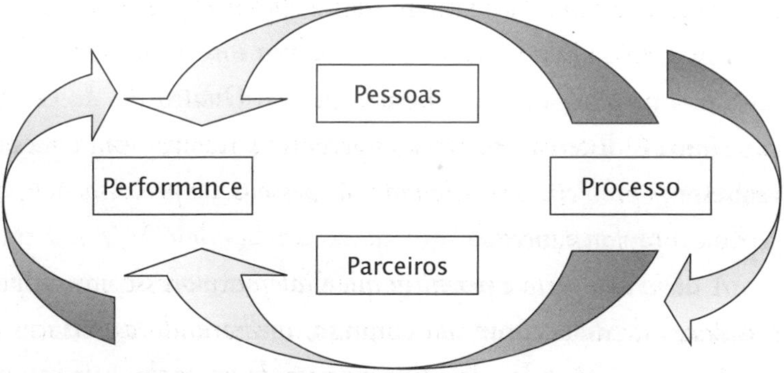

Em empresas mal orientadas, a ordem é diferente, começando na performance e terminando nos seres humanos. Em uma empresa voltada para as pessoas e orientada por uma cultura, em especial quando ela atua no setor de conhecimento, são os seres humanos que detêm o segredo do sucesso de longo prazo.

Galen Walters me ensinou uma lição muito valiosa a respeito da ordem dos quatro pês. Sempre que nossas agendas permitiam, visitávamos juntos nossas instalações. Em geral eu sabia de cabeça tudo o que deveria fazer durante a visita, mas às vezes a lista ficava tão extensa que eu tinha de passá-la para o papel.

Assim que chegava, eu começava imediatamente a cumprir as tarefas da lista. Com um estilo bem militar, achava que poderia inspecionar uma unidade de produção em menos de uma hora. Galen, por outro lado, levava metade do dia. Enquanto para mim a visita à fábrica era uma missão, para ele era um sacerdócio. Ao mesmo tempo que caminhava pelas instalações fazendo anotações mentais, ele parava e cumprimentava as pessoas pelo caminho.

Um dia, depois de uma visita, entramos no carro rumo ao aeroporto e comentei com Galen que achava que poderíamos fazer muito mais se ele se apressasse um pouco. A resposta dele foi: "Dan, você jamais será presidente se não perceber o valor das pessoas que trabalham nessas instalações. Elas me veem apenas duas ou três vezes por ano. Anseiam por isso e eu também."

Foi então que percebi que as conversas dele às vezes tratavam de trabalho, mas em geral eram sobre assuntos mais pessoais. Ele podia conversar com um membro da equipe sobre uma pescaria, ou talvez cumprimentar outro pelo nascimento de um filho. O assunto não importava para Galen Walters, porque ele estava verdadeiramente interessado em ouvir. Como muitos membros da equipe cresceram em torno de Galen, eles tinham uma ligação, admiração e respeito mútuos.

Para mim, foi uma lição e tanto sobre liderança – ainda que dolorosa. Eu estava indo rápido demais. O comportamento de Galen Walters representava uma estratégia de longo prazo, enquanto o meu era uma tática imediatista. Ele estava investindo nas relações, enquanto eu cumpria uma lista de tarefas. Ele estava certo e eu, errado.

O conceito dos quatro pês começa com as pessoas dentro das empresas – os membros da equipe, que realizam as tarefas cotidianas necessárias ao empreendimento.

O elemento seguinte do modelo é o processo, que nada mais é do que uma série de inputs (matérias-primas, dados ou informações) e outputs (produtos). Num mundo perfeito, uma descrição visual do processo seria feita usando-se linhas paralelas:

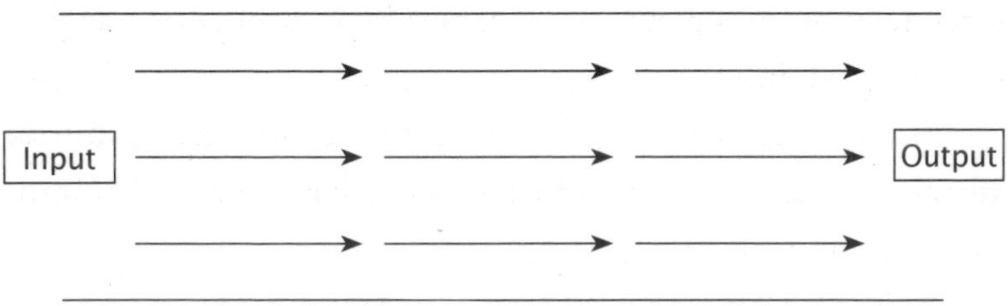

O processo ideal não apresenta gargalos ou interrupções. O fluxo é suave e contínuo, do começo ao fim. Esse modelo representa a maior eficiência possível, porque não há obstruções de quaisquer tipos, o que resulta numa performance superior. Claro que poucos processos conseguem ser assim. O mais comum é que surjam pontos críticos:

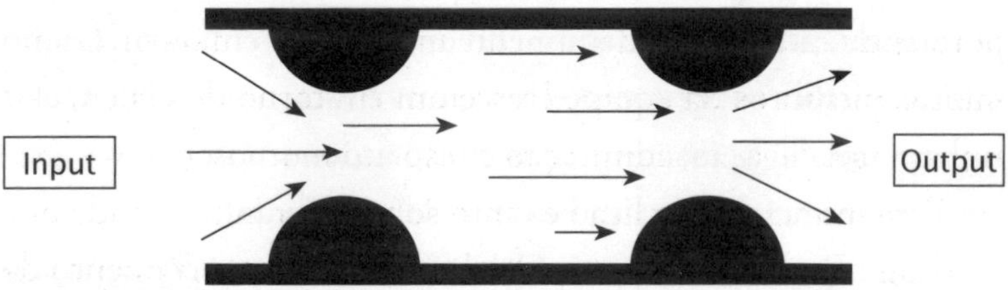

Tudo o que acontece dentro de uma empresa é um processo. O segredo para se aumentar a performance é eliminar o máximo de obstáculos possível. Quanto mais distantes os líderes estiverem do processo, mais difícil será, para eles, determinar as causas de uma obstrução. Quem melhor pode fazer esse diagnóstico são as equipes responsáveis pelo processo. Elas sabem exatamente onde estão os gargalos, porque precisam se livrar deles para dar prosseguimento às suas tarefas.

Recentemente, nossa equipe começou a projetar a construção de departamentos dentro de novas lojas. Em vez de desenhar um quadrado e depois dizer às pessoas quanto de espaço teriam, pedimos a participação delas. Fizemos análises de pesquisas de vendas que mostravam o volume projetado para a loja e o departamento. Depois, perguntamos aos funcionários que já trabalhavam em departamentos semelhantes em outras lojas o que eles mudariam.

Não é de surpreender que as informações tenham sido valiosas. Algumas equipes sugeriram mais espaço, enquanto outras recomendaram a reorganização de alguns equipamentos. Nossos arquitetos fizeram maquetes da nova disposição dos departamentos, assim os membros da equipe puderam visualizar o que planejávamos construir. Ao buscar as informações dos usuários, economizamos milhares de dólares em reformas futuras.

E o mais importante é que a eficiência dos departamentos aumentou, porque os usuários do dia a dia haviam contribuído com sugestões sobre como eliminar os obstáculos e aperfeiçoar o processo. Se tivéssemos construído as lojas sem pedir sugestões, as obstruções teriam passado despercebidas.

Empresas voltadas para as pessoas e orientadas por uma cultura entendem que os seres humanos influenciam diretamente o processo e, consequentemente, a performance. *Boas ideias podem vir de qualquer pessoa da equipe. É a cultura da empresa que define se elas serão expressas ou deixadas de lado.* Mesmo os recém-contratados podem contribuir com algo único: uma visão clara. Depois de passar muito tempo no mesmo ambiente, é normal que deixemos de notar certos aspectos. Os novatos veem as coisas como elas são, fora do ponto cego em que elas se escondem com o passar do tempo. Nos primeiros 90 dias de alguém na empresa, é importante perguntar sua opinião sobre o ambiente de trabalho.

Há alguns anos, nossa companhia tratou seriamente de diminuir a ineficiência. Encorajamos todos os membros da equipe a dar sugestões para que melhorássemos a administração da empresa. Recebemos informações muito úteis. Uma pessoa da contabilidade, por exemplo, observou que, quando saía tarde da sede, várias salas estavam com luzes acesas. Aquilo lhe parecia um desperdício de dinheiro.

E ela estava certa. Descobrimos que o pessoal da limpeza ia acendendo as luzes dos escritórios à medida que os limpava. Era uma forma de identificar as salas que já haviam sido limpas. Então, nossa equipe responsável pelas instalações se reuniu com o pessoal da limpeza e, juntos, criaram um processo mais eficiente, o que resultou em uma economia anual de milhares de dólares.

A cultura é tudo numa empresa. Um grande líder que segui no começo da minha carreira usava uma regra simples. Independentemente do assunto ou da ocasião, qualquer pessoa era livre para expressar uma opinião contrária. Depois do terceiro "mas", se o líder ainda não concordasse com o ponto de vista expressado, diria apenas: "Entendo sua posição e aprecio seu interesse, mas é assim que vamos fazer as coisas."

Às vezes o líder mudava seu ponto de vista depois de ouvir uma opinião diferente da dele. De qualquer modo, a empresa tinha uma cultura na qual todos sabiam que tinham voz ativa e liberdade para se expressar. O processo não implicava discussões e ressentimentos, mas um diálogo civilizado. Respeito e dignidade eram a base de tudo.

Pensar em termos de processo ajuda a equipe a aceitar desafios sem se desesperar. Toda operação complexa é composta de etapas menores. Quando alteramos um processo adequadamente, mudamos também o resultado ao fim da cadeia, o que cria um futuro melhor e traz esperança para a organização.

O time de futebol americano Dallas Cowboys fez muito sucesso na década de 1970, principalmente durante a era do *quarterback* Roger Staubach. Na época, o técnico Tom Landry sabia que Staubach correria menos com o passar o tempo e queria proteger o astro do time e o investimento que ele representava. Por isso, contratou Howard Hickey. Oficialmente, Hickey era auxiliar técnico e olheiro, mas o verdadeiro objetivo de sua ida para o Dallas era ensinar a Staubach uma formação de jogo diferente. Assim, Hickey alterou o processo pelo qual Staubach recebia a bola, o que lhe deu mais tempo para executar as jogadas. Como resultado, o desempenho da equipe como um todo melhorou e os Cowboys ganharam quatro títulos da National Football Conference e dois Super Bowls.

A Amazon é outro bom exemplo de empresa que alterou o processo e aumentou sua performance. A empresa usou a tecnologia para mudar a forma de se fazerem compras on-line, facilitando o atendimento às necessidades do consumidor. Eu, por exemplo, gosto de filmes sobre a Segunda Guerra Mundial. Também gosto de filmes com Cary Grant, Jimmy Stewart e John Wayne. Graças à sua tecnologia, a Amazon conhece minhas preferências. Quando filmes sobre a Segunda Guerra Mundial ou estrelados pelos atores de que gosto estão disponíveis, recebo um e-mail informando da oferta, em geral com um incentivo para a compra.

Além disso, o e-mail traz uma lista dos filmes que já possuo, o que evita que eu compre um repetido. O resultado disso é uma relação de confiança que beneficia todos – eu consigo os filmes que quero e a Amazon alcança o desempenho que busca.

O terceiro elemento no modelo dos quatro pês são os parceiros, o que engloba fornecedores e compradores – clientes, consumidores e usuários dos produtos e serviços oferecidos por uma organização.

Hoje em dia, nenhuma organização pode se considerar totalmente independente. Nos bastidores, o trabalho atencioso dos fornecedores é sempre necessário para garantir o sucesso da empresa. No ramo de supermercados, por exemplo (exceto por alguns itens de setores como padaria, floricultura e restaurante), poucos dos produtos à venda são preparados pelos funcionários das lojas. Em vez disso, os supermercados contam com milhares de agricultores, pecuaristas, pescadores, criadores e intermediários, além de caminhoneiros, especialistas em logística e funcionários dos centros de distribuição. Sem essas parcerias, o negócio seria qualquer coisa, menos "super".

Parece lógico que todas as empresas valorizem seus parceiros, já que existe uma relação tão forte de interdependência. Entretanto, geralmente não é isso o que acontece. Nos últimos 50 anos, várias organizações passaram a ver o cliente como um incômodo necessário. Em vez de receber com entusiasmo as pessoas que compram seus produtos e serviços, tais empresas meramente as toleram. Poucas empresas assim – se é que alguma – conseguem ter sucesso a longo prazo.

Pense na sua própria experiência. Quando foi a última vez que um vendedor fez com que você se sentisse realmente bem durante uma negociação? Hoje em dia, o consumidor fica impressionado quando o vendedor sabe seu nome. Eu, por exemplo, adoro quando os donos de um pequeno restaurante familiar que frequento dizem "Obrigado por vir, Dan", sempre que me preparo para sair. *Tratar os consumidores como parceiros é algo que costuma ser negligenciado, mas é fundamental para empresas voltadas para as pessoas e orientadas por uma cultura.*

O desempenho superior é um reflexo dos processos bem planejados e adequadamente executados. Se uma empresa quer melhorar sua performance, deve tentar remover todos os obstáculos que surgem nas tarefas rotineiras. Cortes e reduções de mão de obra arbitrários podem até levar a um crescimento imediato, mas para ser bem-sucedida a longo prazo a organização precisa mudar seus processos – as raízes do bom desempenho.

Empresas voltadas para as pessoas e orientadas por uma cultura entendem que uma performance ruim é sintoma de problemas maiores – que, para serem resolvidos, exigem a dedicação das pessoas e a transformação dos processos. Nesse sentido, os índices de desempenho são meros indicadores, ferramentas que levam a investigações adicionais e questionamentos produtivos. Sozinhos, esses dados geram mais perguntas do que respostas.

Assim como uma organização pode melhorar sua performance com a clareza oferecida pelo modelo dos quatro pês, ela pode crescer quando utiliza objetivos e métodos de supervisão que garantem que a equipe permaneça focada. Todos os meses os membros da equipe, de estagiários a executivos, podem definir e expor internamente as metas que consideram essenciais para o sucesso da área em que atuam.

Isso faz com que a empresa ganhe força internamente e permite que os membros da equipe associem seu sucesso às metas anuais propostas pelos acionistas. Ter objetivos estabelecidos em conjunto cria um nível maior de comprometimento e reforça a contribuição de cada pessoa para o sucesso geral da organização.

Gerenciar uma empresa com equilíbrio requer muita atenção aos assuntos importantes. O método dos quatro pês é uma ferramenta poderosa, capaz de identificar o que é de fato relevante. Quando as empresas criam uma cultura que promove a interação humana (pessoas e parceiros, pelo método dos quatro pês) e melhora constantemente os processos usados nas tarefas rotineiras, o resultado é uma performance superior.

CAIXA PREFERENCIAL

- O gerenciamento começa e termina com seres humanos – pessoas e parceiros.
- Empresas voltadas para as pessoas e orientadas por uma cultura entendem que os seres humanos têm influência direta no processo e, consequentemente, na performance.
- Boas ideias podem vir de qualquer pessoa da equipe. É a cultura da empresa que define se elas serão expressas ou deixadas de lado.
- Se uma empresa quer melhorar seu desempenho, deve tentar remover todos os obstáculos que surgem nas tarefas rotineiras.
- Tratar consumidores e fornecedores como parceiros é importante quando se está em busca de sucesso duradouro.
- Ter objetivos estabelecidos em conjunto cria um nível maior de comprometimento.

CAPÍTULO 12

A humildade vence o orgulho

Anos atrás, conheci um dos executivos do departamento de publicidade da American Airlines responsável por gerenciar a propriedade intelectual da empresa. Era uma tarefa enorme, que ficaria mais simples com a ajuda de um programa de computador adequado. A American Airlines precisava de uma solução feita sob medida.

Eu era diretor de uma empresa que criava soluções para problemas de propriedade intelectual e fiquei ansioso para me reunir com a equipe do executivo e saber mais sobre as dificuldades que enfrentavam – os pontos críticos do processo. Ao longo de seis meses, os membros da minha equipe e da equipe da American Airlines se tornaram amigos. Nossa vontade de ajudar e a disposição deles em compartilhar ideias forjaram uma parceria sólida.

Certo dia, o executivo da American Airlines me ligou com um pedido:

– Dan, você já passou quase meio ano analisando nossas necessidades. Provavelmente sabe mais sobre elas do que nós mesmos. Uma grande agência de publicidade de Nova York está vindo fazer uma apresentação na semana que vem. Eu gostaria que você participasse.

Era um pedido estranho, já que minha empresa também estava na disputa por aquele trabalho. Mas como confiávamos muito um no outro, concordei em ir como observador.

A sala de reuniões era enorme e havia cerca de 25 pessoas presentes, a maioria delas da agência que faria a apresentação. Depois que todos nos sentamos, um executivo da agência começou a falar. Era um orador articulado e a apresentação que fez foi moderna e bem elaborada. Ele falou por quase duas horas e ninguém na sala se manifestou durante esse tempo. Eu observava cuidadosamente meus amigos da American Airlines, que, sentados, escutavam a apresentação.

Em determinado momento, o executivo da agência parou e disse:

– Isto conclui minha apresentação. Acho que vocês podem ver que esta é, com certeza, a solução perfeita para a American Airlines. Alguma pergunta?

Do extremo oposto da comprida mesa de reuniões, o executivo da American Airlines ergueu a mão.

– Qual é a sua pergunta? – indagou o publicitário.

– Meu nome é Larry.

– Sim, Larry. Qual é a sua pergunta? – insistiu o publicitário.

– Não tenho nenhuma pergunta. Só achei que você talvez quisesse saber meu nome.

A sala caiu em um silêncio embaraçoso. A equipe da American Airlines, incluindo Larry, se levantou e saiu. Os representantes da agência voltaram para Nova York. Não é preciso dizer que ela não conseguiu aquele trabalho.

Alguns meses depois, Larry me disse, em particular, o que sentiu a respeito da apresentação.

– Você viu a arrogância daquele cara? Ele veio até aqui e entrou na sala de reuniões sem fazer qualquer esforço para entender as particularidades do nosso problema. Depois ainda teve a audácia de dizer que aquela era, "com certeza, a solução perfeita para a American Airlines".

Não sei direito o que o executivo da agência de publicidade e sua tropa pensaram que deu errado na reunião, se eles perceberam que o orgulho arruinou suas chances de conseguir o trabalho. Eu arriscaria dizer que nenhum deles notou isso, porque seriam incapazes de ver o que ficou claro para as demais pessoas na sala: duas horas de autopromoção seguidas de uma afirmação extremamente arrogante.

De certo modo foi triste, porque a empresa tinha muito a oferecer à American Airlines. Tenho certeza de que muitos dos que foram à reunião haviam trabalhado duro para criar algo tão elaborado. O executivo da agência tinha todos os motivos para estar orgulhoso do que sua empresa tinha alcançado, mas um pouco de humildade poderia tê-lo feito mais feliz no final.

A maior ameaça ao sucesso de uma empresa é o orgulho. Qualquer pessoa está sujeita a agir com orgulho excessivo e é provável que todos nós já tenhamos caído nessa armadilha em algum momento.

Há alguns anos, fui mandado para um seminário de treinamento em gerenciamento que exigia que eu fosse avaliado por meus colegas. Ao chegar lá, percebi que as paredes da sala estavam cobertas de cartazes, cada um deles com diversas características humanas.

Pouco depois de iniciada a reunião, o palestrante pediu aos participantes que procurassem o cartaz que representava sua personalidade. Depois de um tempo, restou apenas um – e tinha meu nome. Nele, lia-se: "Enérgico. Atento. Determinado." Fiquei perplexo. Eu poderia pensar em vários adjetivos que descrevessem minha personalidade, mas "enérgico" nunca estaria na lista. O palestrante comentou que minha descrição sugeria que as pessoas se comunicassem comigo usando três regras básicas: seja breve, seja esperto e fuja. Eu me senti envergonhado e humilhado. E, pela primeira vez na vida, percebi que minha autoimagem estava distante daquilo que meus colegas viam em mim. Em empresas voltadas para as pessoas e orientadas por uma cultura, feedbacks sinceros são essenciais.

Não deve ser por acaso que em Provérbios 6:16 o orgulho apareça como o pecado que Deus mais despreza.

"Orgulho" é uma palavra curiosa, porque tem significados conflitantes. Uma de suas definições, por exemplo, diz respeito a uma sensação de alegria ou satisfação pelas próprias realizações (neste caso a palavra tem um sentido positivo). Outra definição sugere uma atitude prepotente ou arrogante (o que nunca é bom).

Empresas voltadas para as pessoas e orientadas por uma cultura tentam aumentar a sensação de alegria e satisfação gerada pelas realizações e diminuir qualquer atitude arrogante. Quando se trata de orgulho, aumentar o sentido positivo e diminuir o negativo é um processo em três etapas.

Primeiro, as empresas precisam manter as pessoas atentas ao futuro, e não presas ao passado. *O lado destrutivo do orgulho se alimenta das coisas que as pessoas fizeram, não das que ainda estão por fazer*. Empresas voltadas para as pessoas e orientadas por uma cultura se concentram naquilo que querem se tornar, não ficam se deleitando com realizações passadas.

Na United, por exemplo, a equipe está sempre pensando no potencial de longo prazo da empresa, e não em seus mais de 90 anos de história. Como bem disse Jeff Immelt, presidente da General Electric: "A maioria das pessoas dentro da GE aprende com o passado, mas nutre um desprezo saudável pela história."

A frase de Immelt é forte, pricipalmente se levarmos em conta que, na última década, a GE já esteve seis vezes no topo do ranking da revista *Fortune* como a empresa mais admirada dos Estados Unidos.

Em 2006, Geoffrey Colvin, editor da *Fortune* e coautor de *Secrets of Greatness* (Os segredos da grandeza), sobre a GE, diz: "Tudo tem a ver com longo prazo. Nenhuma outra empresa norte-americana domina a indústria há tanto tempo quanto a GE. Das 12 companhias que Charles Dow incluiu no índice Dow Jones original, em 1896, a GE é a única que ainda permanece no pregão, enquanto a maioria das outras desapareceu. A sobrevivência é mais um motivo para que ela seja admirada."

Manter o foco no futuro faz com que as pessoas fiquem motivadas a realizar tudo o que for necessário para se alcançar o sucesso duradouro. Na United, costumamos dizer que "uma maravilhosa história de mais de 90 anos não garante o ano seguinte". Quando as pessoas compreendem que a sobrevivência de suas empresas é mais uma realização a ser admirada, o risco de que o orgulho ganhe espaço é mínimo.

Segundo, *as empresas devem manter as pessoas atentas à busca pela excelência, e não no rumo da mediocridade*. A busca pela excelência obriga as pessoas a confrontarem suas fraquezas, adaptarem seu raciocínio e manterem a vaidade sob controle.

Por fim, as empresas devem orientar seus funcionários quanto às pessoas que elegem como exemplos a serem seguidos. Líderes que são humildes e ainda assim eficientes ao fazerem as perguntas certas – perguntas que obrigam os indivíduos e equipes a reconsiderarem suas próprias convicções – são influências inspiradoras.

Trata-se de um processo de descoberta. Minha experiência nesse assunto aponta para Forrest Whitlow. Em 1981, Whitlow era gerente da livraria do campus da Lubbock Christian. Era comum conhecer pessoas legais na universidade, mas Whitlow se revelou mais do que isso. Na época, eu estava pensando em me alistar no serviço militar e alguém me disse que ele era um veterano de guerra, por isso fui procurá-lo.

Na primeira vez que nos sentamos para conversar, Whitlow vestia um suéter de lã, calça social e sapatos confortáveis. Não era a imagem que eu faria de um militar, e sim de um pastor ou professor. Sua sala ficava nos fundos da livraria. Era funcional, mas pequena. Ao me sentar, pude ver fotografias de seus filhos cuidadosamente dispostas na prateleira atrás dele.

– Disseram que o senhor foi da Força Aérea – falei.

– Sim, é verdade. Sou reservista – respondeu Whitlow, educadamente.

Então algo interessante aconteceu. Eu percebi a fotografia de um avião sobre a mesa, perto da cadeira dele.

– O senhor foi piloto? – perguntei.

– Sim, fui – respondeu. – Voei durante a maior parte da minha carreira.

Surpreso com aquela afirmação, perguntei:

– Que tipo de aviões o senhor pilotou?

– Bem, pilotei principalmente caças – ele respondeu com naturalidade. – Trabalhei muito tempo no F-100 Super Sabre.

Agucei os ouvidos, me perguntando se aquele simples gerente de livraria podia mesmo ter rompido a barreira do som. Pedi a Whitlow que contasse detalhes de sua carreira. Durante a meia hora seguinte, ele narrou uma incrível jornada profissional que incluía dois anos como piloto de acrobacias da Força Aérea dos Estados Unidos.

Olhando para ele em sua cadeira na livraria, ninguém jamais poderia imaginar aquilo. Depois dessa conversa, nos tornamos bons amigos. Nas duas décadas que se seguiram, nos encontramos com frequência e, durante os longos períodos que passei em missões temporárias fora do país, Whitlow me enviou cartas motivadoras, com conselhos sempre sábios e certeiros.

Mas, acima de tudo, eu percebia em Whitlow uma extraordinária humildade. Ele devota seu tempo e energia a servir e melhorar a vida dos outros – um propósito elevado. Ainda hoje ele é um exemplo maravilhoso a ser seguido.

Ter um modelo de conduta permite às pessoas conter o orgulho e se inspirar na jornada de alguém que já avançou rumo às coisas que realmente importam. Como Norman Vincent Peale disse certa vez: "Quanto mais você se deixar levar por algo maior do que você, mais energia terá."

Felizmente, nas empresas voltadas para as pessoas e orientadas por uma cultura há sempre vários exemplos assim. *Trilhar nosso caminho sozinhos é um erro, por mais forte que nos imaginemos, porque o orgulho tem mais força do que supomos.*

Às vezes o orgulho se infiltra sorrateiramente, outras ele o ataca às claras. Seja como for, as empresas voltadas para as pessoas e orientadas por uma cultura devem colocá-lo em seu devido lugar, estimulando a humildade.

CAIXA PREFERENCIAL

- Pessoas e empresas devem se manter focadas no futuro, não nas realizações do passado.
- Manter o foco no futuro faz com que as pessoas fiquem motivadas a realizar tudo o que for necessário para se alcançar o sucesso duradouro.
- As empresas devem manter as pessoas atentas à busca pela excelência, e não no rumo da mediocridade.
- As empresas devem orientar seus funcionários quanto às pessoas que elegem como exemplos a serem seguidos.
- Ter um modelo de conduta permite às pessoas conter o orgulho e se inspirar na jornada de alguém que já avançou rumo às coisas que realmente importam.

Conclusão

Muitos líderes passam tempo de mais prestando atenção a recursos financeiros e tempo de menos atentos aos recursos humanos. Entretanto, é importante saber que o sucesso de longo prazo resulta mais do esforço em criar uma cultura positiva, voltada para as pessoas, do que de se debruçar sobre análises financeiras.

É preciso desafiar o modelo corporativo atual, que se baseia apenas em preços e lucros. Isso pode ser feito de uma maneira atraente, escolhendo-se um caminho alternativo: criar uma cultura comprometida com as pessoas e voltada para servir – e ver a satisfação que os membros da equipe sentem ao encarar seu trabalho como um sacerdócio. A escolha feita pelos líderes não determina apenas o sucesso ou fracasso econômico de uma empresa, mas também seu impacto, a longo prazo, sobre a humanidade.

Precisamos de líderes que participem ativamente desse movimento. Em seu livro *Liderança: Saiba despertar o melhor de cada um em proveito de toda a organização*, Max de Pree escreveu: "Há uma harmonia nas relações pessoais e um confronto de ideias construtivo. Quando as pessoas põem sua visão em prática, forma-se uma unidade. Há um ritmo de inovação e renovação. Há uma sensação de urgência – os movimentos nunca são aleatórios."

É hora de pensar na essência – melhorar a vida das pessoas e as comunidades em que vivem depende de líderes ousados o bastante para nadar contra a corrente. O modelo corporativo de hoje é um resquício da Revolução Industrial. Não tem que ser assim.

Estamos prontos para uma nova revolução no ambiente de trabalho, movida pela cultura e a união de esforços. Para um empreendimento ter longevidade, precisa levar em conta algo além dos preços e lucros: as pessoas. É vital que a organização tenha um propósito mais elevado e que estimule seus funcionários a acreditar nele. Assim, servir os outros e melhorar suas vidas acontece naturalmente. Numa era em que a globalização encolheu o mundo, os líderes precisam pensar grande quando se trata de motivar as pessoas num ambiente altamente competitivo.

Espero que *Empresas feitas para servir* se transforme em algo mais do que apenas outro livro de administração. Com a experiência que adquiri no trabalho, pude compreender que os resultados são importantes, mas têm limitações. Nestas páginas, propus uma alternativa: que a cultura, uma expressão daquilo que cultivamos nas pessoas, impulsione os resultados. É uma escolha consciente que cabe a cada líder. Felizmente, algumas empresas começam a entender a importância das opções que fazem.

A United, com seus mais de 90 anos de história, certamente influencia minhas reflexões e sugestões. Outros exemplos, contudo, podem ser encontrados em diversos setores da economia – líderes e empresas que estão na vanguarda do movimento por uma mudança do foco do mundo corporativo, se afastando de preços e lucros e se aproximando de uma cultura que movimente a economia a partir da valorização da pessoa.

Citei alguns desses exemplos, mas existem muitos outros, como o hospital Beth Israel de Boston, o primeiro do mundo a publicar uma Declaração dos Direitos do Paciente, e a TDIndustries, eleita pela revista *Fortune* uma das 100 melhores empresas para se trabalhar. Mesmo atuando em setores tão diferentes, elas estão na mesma maré, orientadas por uma cultura e criando uma onda de valorização da pessoa.

Acredito nos seres humanos e creio que todos nós temos uma necessidade inata de servir os outros. As empresas mais bem-sucedidas são construídas por pessoas que se identificam com sua missão, que se torna parte de suas próprias essências. Estar em uma organização guiada por um propósito mais elevado faz com que o trabalhador se sinta valorizado e isso se reflete nas relações com o cliente – é um mar de renovação no mundo corporativo.

Nossos novos tempos exigem uma nova cultura, que reconheça que a solidez de uma organização está diretamente relacionada à prioridade que ela dá às pessoas. O desempenho de uma empresa não deve ser medido por preço e lucro, mas por sua cultura e suas escolhas.

A hora é agora.

Posfácio

Faz muito tempo que os líderes vêm aceitando passivamente a crença equivocada de que o único propósito de um empreendimento é dar lucro. Em *Empresas feitas para servir*, Dan Sanders tem a coragem de desafiá-los a adotar um propósito mais elevado, que melhore a vida das pessoas e das comunidades. Agora que você leu este livro, espero que tenha a inspiração e a coragem para começar a revolução da liderança servidora dentro do seu próprio círculo de influência.

Dan Sanders afirma que uma empresa está fadada ao fracasso quando coloca os lucros acima das pessoas e o crescimento acima do valor. As pesquisas confirmam isso. Em um estudo de 2005, Scott Blanchard e Drea Zigarmi descobriram que a expectativa de vida de uma empresa está diretamente relacionada ao empenho dos funcionários e à satisfação dos clientes. Em outras palavras, o lucro é o aplauso para seus esforços em cuidar dos clientes e criar um ambiente de motivação para os funcionários.

Se os líderes continuarem obcecados por relatórios financeiros e incapazes de perceber a importância das pessoas – as que trabalham para eles e as que são clientes –, suas empresas jamais alcançarão seu potencial verdadeiro. Não tem que ser assim. Se um líder deseja que sua empresa tenha sucesso de longo prazo, deve se fazer três perguntas:

1. O que estamos fazendo por nossos clientes?
2. O que estamos fazendo por nossos funcionários?
3. O que estamos fazendo por nossa comunidade?

Empresas feitas para servir chama atenção para uma mudança profunda na filosofia e na prática dos negócios. Dan Sanders demonstra as qualidades ideais para transmitir essa mensagem, inspirado em sua experiência como presidente da United Supermarkets – uma empresa com mais de 90 anos de atendimento cuidadoso ao consumidor, em um setor da economia notório por suas margens de lucro reduzidas. Todos nós podemos aprender muito com a liderança de Dan e o legado dessa empresa.

Já é hora de os líderes entenderem que os seres humanos encontram alegria e realização ao servir os outros. Quando um líder se dispõe a abandonar a competição e a obsessão pelos lucros, alcança uma satisfação muito maior: um horizonte de cultura e cuidado com o ser humano. Comece sua jornada hoje. Quanto mais cedo iniciá-la, mais cedo conquistará a lealdade de seus clientes, a confiança de seus funcionários e a gratidão de sua comunidade.

Ken Blanchard
Coautor de *O gerente-minuto*

Agradecimentos

Este livro foi feito com amor. É uma ideia que concebi num campo de golfe, alimentei e fiz crescer em quartos de hotéis e que pude concretizar graças à ajuda de meus amigos e colegas, que serviram de supervisores durante todo esse processo.

Agradeço especialmente ao fundador da United Supermarkets, H. D. Snell, que personificava o espírito empreendedor, e a seus familiares, que são seu legado vivo e os grandes incentivadores deste projeto. Também sou muito grato à equipe da United, pessoas cujas vidas expressam o humilde desejo de servir, e a nossos clientes, sem os quais não haveria história para contar.

Este é um projeto do Center for Corporate Culture, que oferece treinamentos para líderes e equipes focando a importância da cultura no que se refere a liderança, ética, bem-estar e realização em empresas. Devo a Claude Dollins, seu presidente, grande parte do mérito de *Empresas feitas para servir*.

Também devo muito a Dan Dollins e todos os membros do Dollins Group, pela ajuda na preparação do manuscrito. Andy Hartman e Kathy Stringer, em especial, exerceram um papel fundamental, ajudando-me nos desafios da criação de um projeto deste porte. Também quero agradecer à minha assistente de pesquisa, Andrea Heath, ao meu secretário particular, Terry

Rowland, e aos talentosos membros da equipe de gerenciamento da United, Tom Weiss e Joni Andrews. A colaboração de cada um deles foi inestimável.

Meu caro amigo Doug Hensley deu vida ao texto com suas observações mais que oportunas, assim como a equipe da McGraw-Hill Professional de Nova York e os professores da Universidade Texas Tech Robert e Marijane Wernsman. Agradeço, sobretudo, a Mary Glenn, por suas sugestões, seu estímulo e seu comprometimento.

Não poderia deixar de mencionar o Dr. Stephen R. Covey, Ken Blanchard e o Dr. Kenneth Cooper, que sempre apoiaram o compromisso da United com o trabalho altruísta e os valores éticos.

Tenho uma dívida de gratidão com Russell Anderson, coronel Doug Cole, general de brigada Edward Ellis, Don Graf, Dr. Aubrey Green, Bill Henry, general de divisão Ken Hess, Robert Johnson, Harold Jones, Elaine Perrin, Dr. Ron Reed, Terry Sabom, Michael Starr, Dr. Barry Stephens, Steve Trafton e tenente-coronel Dick Wilson.

Agradeço igualmente a meus mentores Dr. Leonard Berry, Dr. John Gourville, Larry Hays, Dr. L. Ken Jones, tenente-general Don Peterson, Galen Walters, Dr. E. Don Williams e coronel Forrest Whitlow.

Enquanto estava ocupado escrevendo, vários de nossos executivos me deram cobertura, acumulando funções. Obrigado a todos pela boa vontade com que assumiram o trabalho extra. Agradeço a Gantt Bumstead, Matt Bumstead, Tony Crumpton, Sidney Hopper, Wes Jackson, Suz Ann Kirby, Michael Molina, Phil Pirkle e Chris St. Clair.

Agradeço ainda a minha família querida, meus parentes e amigos, pela maravilhosa bênção que representam em minha vida – principalmente meus pais, L. J. e Virginia, e, claro, minha esposa, Shanna, e nossos filhos, Shaley e Travis.

Acima de tudo, agradeço a Deus, Pai e Criador de todas as coisas boas.

Dan J. Sanders

Conheça outros títulos da Editora Sextante

O monge e o executivo
James C. Hunter

O monge e o executivo conta a história de John Daily, um homem de negócios bem-sucedido que percebe, de repente, que está fracassando como chefe, marido e pai. Numa tentativa desesperada de retomar o controle da situação, ele decide participar de um retiro sobre liderança num mosteiro beneditino, comandado pelo frade Leonard Hoffman, um influente empresário americano que abandonou tudo em busca de um novo sentido para a sua vida.

O monge defende que a base da liderança não é o poder e sim a autoridade, conquistada com amor, dedicação e sacrifício. E diz ainda que respeito, responsabilidade e cuidado com as pessoas são virtudes indispensáveis a um grande líder. Ou seja, para liderar é preciso estar disposto a servir.

James C. Hunter apresenta conceitos fundamentais para melhorar nossa capacidade de liderança e o convívio com os outros, ajudando assim a nos tornarmos pessoas melhores e abrindo caminho para o sucesso duradouro.

Como se tornar um líder servidor
James C. Hunter

Esse livro apresenta aplicações práticas do conceito de liderança servidora e traz ainda ensinamentos sobre como funcionam as empresas bem-sucedidas: a busca de profissionais com o perfil ideal, os planos de remuneração por resultado, as maneiras de tornar o trabalho mais desafiador, as avaliações de liderança e os treinamentos eficientes.

Ao trilhar este caminho, é importante não confundir poder com autoridade. A autoridade inspira as outras pessoas a fazer as coisas com boa vontade, o poder as obriga. A liderança servidora é um estilo de vida – ela não é conquistada, mas sim construída com serviço e sacrifício.

Alguém ainda duvida que liderar é servir?

Não tenha medo de ser chefe

Bruce Tulgan

Como ser o gerente que você quer ser e que seus funcionários gostariam que fosse?

Em *Não tenha medo de ser chefe* Bruce Tulgan apresenta uma abordagem engajada que desenvolve a confiança e a coragem para assumir o comando. Ele ensina você a se preparar para os desafios de uma administração focada e ativa descrevendo os problemas que poderá enfrentar e explicando o que fazer para conseguir resultados mais eficientes e se manter no rumo certo.

Reconheça sua própria autoridade, assuma o controle e torne-se um gerente forte. Você deve isso ao seu empregador, aos seus funcionários e a si mesmo.

Adapte-se ou morra

Fast Company

Adapte-se ou morra apresenta 55 princípios universais elaborados a partir de 400 citações de grandes pensadores sobre o mundo empresarial que vale a pena seguir se você deseja evoluir e brilhar profissionalmente.

Você vai encontrar lado a lado ideias clássicas e inovadoras sobre os mais variados temas ligados aos negócios: da comunicação à necessidade de mudança, da criatividade à tecnologia, da ética à contratação de pessoal.

Fundamentado nos conselhos de personalidades como Adam Smith, Maquiavel, Bill Gates, Tom Peters, Warren Buffett e Peter Drucker, este é um guia de referência para qualquer pessoa que queira conhecer melhor a dinâmica do mercado – seja para se destacar onde trabalha ou para abrir e administrar uma empresa.

Abrace sua equipe
Jack Mitchell

Em *Abrace sua equipe,* Jack Mitchell revela como construir uma cultura na qual as pessoas se sintam felizes e expressem essa satisfação em suas interações com os clientes. Para criar um time forte, unido e motivado, você precisa desenvolver uma relação pessoal com cada funcionário e deixar claro que o trabalho dele é fundamental para o êxito do negócio. Atitudes simples, como fazer um elogio ou criar um ambiente agradável, são alguns "abraços" que não custam nada e geram resultados surpreendentes.

Por meio de dezenas de exemplos reais, este livro explica como contratar corretamente, quando demitir alguém e em que situação aceitar um antigo funcionário de volta.

Abrace seus clientes
Jack Mitchell

Nesse livro, Jack Mitchell mostra as vantagens de liderar uma empresa centrada nos clientes e como desenvolver a cultura do abraço, fazendo com que todos, do mensageiro ao presidente, se dediquem e se envolvam diretamente com eles.

Segundo Mitchell, ter clientes satisfeitos não é o suficiente: é preciso que eles se sintam extremamente satisfeitos. Para isso, ele indica dois caminhos: primeiro, centrar o foco não na venda de produtos ou serviços, e sim na criação de um forte relacionamento com o cliente. Segundo, criar um ambiente em que não existam limites para superar as expectativas do cliente – e, aí, basta usar a criatividade e o bom senso.

Baseado na filosofia de vendas que a família Mitchell construiu ao longo de 45 anos, o autor reúne em *Abrace seus clientes* uma série de relatos que ilustram o poder do atendimento afetuoso e mostra como isso pode representar a diferença entre o sucesso e o fracasso.

Conheça outros títulos da editora Sextante

1.000 lugares para conhecer antes de morrer, de Patricia Schultz
A História – A Bíblia contada como uma só história do começo ao fim, de The Zondervan Corporation
A última grande lição, de Mitch Albom
Conversando com os espíritos e *Espíritos entre nós*, de James Van Praagh
Desvendando os segredos da linguagem corporal e *Por que os homens fazem sexo e as mulheres fazem amor?*, de Allan e Barbara Pease
Enquanto o amor não vem, de Iyanla Vanzant
Faça o que tem de ser feito, de Bob Nelson
Fora de série – Outliers, de Malcolm Gladwell
Jesus, o maior psicólogo que já existiu, de Mark W. Baker
Mantenha o seu cérebro vivo, de Laurence Katz e Manning Rubin
Mil dias em Veneza, de Marlena de Blasi
Muitas vidas, muitos mestres, de Brian Weiss
Não tenha medo de ser chefe, de Bruce Tulgan
Nunca desista de seus sonhos e *Pais brilhantes, professores fascinantes*, de Augusto Cury
O monge e o executivo, de James C. Hunter
O poder do Agora, de Eckhart Tolle
O que toda mulher inteligente deve saber, de Steven Carter e Julia Sokol
Os segredos da mente milionária, de Harv T. Ecker
Por que os homens amam as mulheres poderosas?, de Sherry Argov
Salomão, o homem mais rico que já existiu, de Steven K. Scott
Transformando suor em ouro, de Bernardinho

INFORMAÇÕES SOBRE OS PRÓXIMOS LANÇAMENTOS

Para receber informações sobre os lançamentos da EDITORA SEXTANTE, basta cadastrar-se diretamente no site www.sextante.com.br

Para saber mais sobre nossos títulos e autores, e enviar seus comentários sobre este livro, visite o site www.sextante.com.br ou mande um e-mail para atendimento@esextante.com.br

EDITORA SEXTANTE
Rua Voluntários da Pátria, 45 / 1.404 – Botafogo
Rio de Janeiro – RJ – 22270-000 – Brasil
Telefone: (21) 2538-4100 – Fax: (21) 2286-9244
E-mail: atendimento@esextante.com.br